# Quem disse que não tem DISCUSSÃO?

# Quem disse que não tem DISCUSSÃO?

## Política, religião e futebol

ALBERTO CARLOS ALMEIDA

1ª edição

EDITORA RECORD
RIO DE JANEIRO • SÃO PAULO
2012

Os textos reunidos neste livro foram escritos por Alberto Almeida e publicados no jornal *Valor Econômico*

PROJETO GRÁFICO DE MIOLO E DIAGRAMAÇÃO
Ilustrarte Design e Produção Editorial

MAPAS
Daniel Viana

FIGURAS DA PÁGINA 21
Elmo Rosa

CIP-BRASIL. CATALOGAÇÃO-NA-FONTE
SINDICATO NACIONAL DOS EDITORES DE LIVROS, RJ

A444q Almeida, Alberto Carlos
Quem disse que não tem discussão? / Alberto Carlos Almeida. – Rio de Janeiro: Record, 2012.

ISBN 978-85-01-08626-6

1. Brasil - Política e governo. 2. Partido da Social Democracia Brasileira. 3. Partido dos Trabalhadores (Brasil). 4. Campanha eleitoral – Brasil. I. Título.

11-7442. CDD: 320.981
CDU: 32(81)



Este livro foi revisado segundo o novo Acordo Ortográfico da Língua Portuguesa.

Direitos desta edição adquiridos pela
EDITORA RECORD LTDA.
Rua Argentina, 171 – Rio de Janeiro, RJ – 20921-380
Tel.: 2585-2000



Impresso no Brasil
2012

# SUMÁRIO

# PSDB é PSDB, PT é PT

Proponho ao leitor a seguinte simulação: vista uma camisa do PSDB, pegue uma bandeira do partido e vá para a rua pedir votos. A grande questão é: qual argumento você utilizará? Se tomarmos a campanha eleitoral derrotada de Serra, serão vários argumentos, todos indicando uma grande falta de rumo: aumento do salário mínimo para 600 reais, mutirão para cirurgias de catarata, próstata e varizes, 400 quilômetros de metrô nas capitais, 13º para o bolsa-família, dois professores por sala de aula e coisas desse tipo. A campanha de Serra do PSDB no segundo turno foi um misto de Congregado Mariano com Garotinho. Digo isso porque foi irresponsável do ponto de vista fiscal tanto quanto Garotinho em 2002 e foi tão religiosa quanto seria a de um Congregado Mariano. Isso é o PSDB?

Peço ao leitor que faça o mesmo exercício para o PT: vista uma camisa do PT, pegue uma bandeira do partido e vá para a rua pedir votos. Qual argumento você utilizará? Tomando-se a campanha de Dilma, você provavelmente afirmará que ela vai dar continuidade ao governo Lula; assim sendo, vai tirar mais 20 milhões de pessoas da miséria e as levará para a classe média. Você vai elogiar o bolsa-família, vai elogiar todos os programas sociais de transferência de renda e dirá que o PT defende o aumento de consumo dos pobres. Seguindo essa linha de raciocínio, você vai afirmar que é necessário aumentar o tamanho do estado (jamais, obviamente, você afirmará que isso resulta sempre em aumento de impostos) para reduzir a desigualdade e gerar bem-estar para toda a população brasileira.

O PT tem uma ideologia geral clara: ele defende maior presença do estado tanto na área social quanto na área econômica e justifica isso dizendo que vai melhorar a vida dos mais pobres. O PT se transformou em um típico partido social-democrata europeu. Ele guarda enormes semelhanças com os partidos de centro-esquerda da Europa: o Partido Trabalhista britânico, o Partido Socialista Operário Espanhol, o Partido Socialista francês, o famoso SPD alemão e o ex-Partido Comunista italiano, dentre outros. Todos eles começaram muito pequenos e muito radicais. Todos eles foram ficando extremamente moderados à medida que cresceram. Abandonaram o antigo ideário socialista para apenas defender o aumento do consumo dos mais pobres. Todos eles querem mais estado na economia e mais política social. Todos eles afirmam que defendem os pobres. Todos eles são mais votados nas regiões mais pobres de seus países.

O Nordeste, região mais pobre do Brasil, passou a votar maciçamente no PT. O Partido Trabalhista tem uma votação expressivamente maior do que o Partido Conservador no norte da Inglaterra, região industrial e de operários, e na Escócia. A Andaluzia, que é o

Nordeste da Espanha, vota sistematicamente no PSOE. Na França, é em Bordeaux, região famosa por seus vinhos, que o Partido Socialista sempre derrota seus adversários. Os nomes alemães são mais difíceis de escrever, mas lá acontece o mesmo: o SPD derrota os democratas-cristãos nas regiões mais pobres do país. Todos eles guardam outra enorme semelhança: os pobres votam proporcionalmente mais neles porque acreditam que com mais intervenção estatal a vida deles vai melhorar. Outra coisa importante: todos esses partidos têm origem sindical, e até hoje alguns de seus parlamentares são ex-líderes sindicais. Eles também têm ao seu lado o apoio de uma (ou mais) grande central sindical nacional.

Mais claro impossível: o PT pertence à família dos partidos social-democratas europeus. As diferenças existentes entre o PT e seus congêneres do Velho Mundo se devem às diferentes circunstâncias de nosso país tropical: dimensões continentais, herança escravista e extrema desigualdade. De um modo geral, porém, para saber o que o PT quer fazer no Brasil, é preciso ver o que esses partidos tentam ou tentaram fazer na Europa. O PT fez a parte dele: ocupou o terreno da centro-esquerda. O eleitor que compartilha do valor básico de que mais estado é melhor do que menos estado sente-se representado pelo PT e provavelmente acaba votando no partido de Lula.

Há, todavia, no Brasil um eleitor órfão: aquele que prefere que o Estado ou o governo não tutele a vida das pessoas, aquele que dá preferência à iniciativa dos indivíduos quando a questão é a melhoria do bem-estar da população. Este eleitor está abandonado. Ele acaba votando no PSDB, fez assim em 2010, por exclusão. Aliás, nesse sentido, Serra prestou um grande desserviço ao Brasil com sua concepção atrasada, para dizer o menos desabonador, de ativismo governamental. Foi absolutamente patética a resposta de Serra no último debate do segundo turno, na rede Globo, quando um eleitor perguntou a Dilma se ela reduziria os impostos que incidem sobre a folha de pagamento. Dilma disse que sim, que reduziria os impostos. Serra, pouco mais de 24 horas antes da eleição e com todas as pesquisas indicando vitória de Dilma por uma margem superior a 10 pontos percentuais, afirmou que não faria tal coisa porque era preciso ser responsável. Foi uma resposta tão estarrecedora quanto inacreditável. Jamais Sarkozy diria isso na França, nem David Cameron na Grã-Bretanha, nem Angela Merkel na Alemanha, nem o atual líder do PP na Espanha.

A família de partidos à qual supostamente o PSDB deveria pertencer é aquela que defende mais eficiência na economia e na administração pública. Esses partidos têm como ideologia geral não a defesa de mutirões para cirurgias de próstata, como fez a campanha recém-derrotada de Serra, mas a crença de que o governo precisa fazer a parte dele, que é dar condições aos indivíduos para que estes tomem suas próprias iniciativas. Por isso eles não têm vergonha de coisas como redução de impostos, privatizações, aumento do teto para o pagamento do ensino privado etc. Aliás, esta última medida acabou de ser tomada no Reino Unido, e David Cameron e seu partido não titubearam uma vez sequer diante dos protestos que levaram à quebra de vidraças da sede do Partido Conservador. Sarkozy enfrentou protestos muito mais duros, e mesmo assim aprovou uma medida supostamente impopular, de aumento de tempo de contribuição para a aposentadoria.

Aqueles que disserem que no Brasil isso não é possível deveriam procurar no YouTube importantes líderes do PP espanhol defendendo a redução de impostos. A Espanha é insuspeita como exemplo. Nós, brasileiros, pertencemos à tradição ibérica. Se na Espanha é possível vencer eleições e governar com o discurso da redução de impostos, o mesmo pode ser verdade para o Brasil.

O fato é que precisamos urgentemente de um partido que se vincule à família dos partidos conservadores europeus: o Partido Popular espanhol, o Le Mouvement Populaire (UMP) da França, a CDU e CSU na Alemanha e o Partido Conservador britânico. Todos eles sabem o que querem. Qualquer pessoa de seus respectivos países com uma bandeira na mão e uma camiseta do partido saberá como pedir votos: vote em nossos políticos porque uma vez eleitos eles reduzirão os impostos; feito isto, você terá mais dinheiro no seu bolso para comprar e fazer o que quiser. Adicionalmente seria dito que a redução de impostos caminhará junto com a racionalização do setor público (nada de ativismo governamental serrista e dinossáurico), o que levaria à melhoria da vida de todos, inclusive dos mais pobres. Eventualmente, no que tange aos pobres, seria prometido o aumento da restrição à imigração como maneira de defender seus empregos. Isso ensina algo básico: partido de matriz conservadora fala também para os mais pobres.

Na eleição de 2014, o PT vai atacar o PSDB como o partido das privatizações. É preciso começar a se preparar para isso desde agora. Em 2010, presenciamos a resposta absurda de Serra à crítica petista: acusar o PT de também privatizar. Eis outro desserviço prestado por Serra à nação e aos eleitores órfãos do discurso conservador.

Por meio de pesquisas qualitativas, acompanhamos vários eleitores durante a eleição de 2010. Um deles me chamou a atenção: homem, pai de três filhas, morador da cidade de São Paulo, em um bairro próximo ao zoológico da cidade, dá aulas de futsal aos sábados para crianças pobres de bairros vizinhos ao dele e coordena o grupo jovem da paróquia da igreja católica local. Ele tem o perfil típico de milhões de brasileiros que se associam para melhorar a sua vida e a dos outros. Além disso, esse eleitor estava preocupado com os boatos de que Dilma, se eleita, iria passar a cobrar impostos das contribuições que os fiéis davam para a igreja. Eis aí o órfão do discurso conservador, tão órfão que acabou votando na Dilma. O candidato de oposição não defendeu de forma clara e inquestionável, em nenhum momento, o símbolo maior da família de partidos que se opõem, em qualquer lugar do mundo, aos partidos que se parecem com o PT: a redução de impostos.

Renovar-se, para o PSDB, significa abraçar com entusiasmo o tema da redução de impostos. É defendendo a redução de impostos que os partidos da família conservadora, aqueles que fazem as mesmas privatizações que Fernando Henrique fez no Brasil, comunicam ao eleitorado que eles são a favor da eficiência administrativa. Em outras palavras, defender a eficiência e afirmar que são bons administradores não dá voto. O que dá voto mesmo é reduzir imposto. Se isso não for feito, o PSDB continuará no mesmo rumo das últimas três eleições.

| Partidos da família dos partidos social-democratas | Partidos da família dos partidos conservadores |
|---|---|
| - Labour, Grã-Bretanha | - Tories, Grã-Bretanha |
| - PS, França | - UMP, França |
| -PSOE, Espanha | - PP, Espanha |
| - O ex-PCI, Itália | - Ex-Populari, Itália |
| - SPD, Alemanha | - CDU e CSU, Alemanha |
| - Democratas, Estados Unidos | - Republicanos, Estados Unidos |
| - PT, Brasil | - Ninguém, Brasil |

# A hora e a vez de Aécio Neves

A derrota de Serra na eleição de 2010, como diria Nelson Rodrigues, estava escrita 6 mil anos antes do nada. Ante a derrota humilhante sofrida pelo Serra supostamente bem preparado, ex-ministro do Planejamento e da Saúde, senador, ex-governador de São Paulo, diante de uma Dilma que nunca disputara uma eleição, sem experiência, capaz de repetir mais de 20 vezes no mesmo debate a expressão "no que se refere a", vale a pena fazer uma paráfrase, desta vez de um de nossos maiores escritores, o mineiro Guimarães Rosa: no dia do segundo turno de 2010, chegou a hora e a vez de Aécio Neves.

É a terceira eleição presidencial consecutiva na qual o PSDB é derrotado por Lula com candidatos oriundos de São Paulo. Digo isso porque Fernando Henrique não foi um produto exclusivo do ambiente político de São Paulo. O principal emblema deste fato é o sotaque de Fernando Henrique. A derrota de Serra em 2002, Geraldo Alckmin em 2006 e Serra novamente em 2010 é também e principalmente a derrota do PSDB de São Paulo; o Brasil decidiu que não quer ser governado por um peessedebista tipicamente paulista, em particular Serra e sua *entourage* política.

A decisão de lançar Serra candidato a presidente foi uma decisão redondamente errada. Desde 2009, a Executiva do PSDB teve acesso aos dados que tive a felicidade de apresentar. O Instituto Análise começou a perguntar, em abril de 2009, qual era a intenção de voto em Serra e em Dilma no segundo turno, mostrando uma cartela de fotos para os entrevistados. No ato da pergunta, afirmava-se aos entrevistados que Dilma tinha apoio de Lula e que Serra era candidato a presidente tendo Aécio como vice. A série de um ano mostra que seria muito difícil para Serra derrotar Dilma, mesmo tendo Aécio como vice.

Foi com base nessa simulação de segundo turno, a simulação das fotos, que afirmei para meus clientes, com mais de um ano de antecedência, que Dilma derrotaria Serra. Creio que, mesmo se o candidato fosse Aécio, o destino da eleição de 2010 não teria sido diferente, o PSDB acabaria perdendo. Há porém uma enorme diferença entre perder com Serra e perder com Aécio. No final daquele ano, Serra tinha 68 anos de idade, enquanto Aécio tinha somente 50. Caso Serra dispute a próxima campanha presidencial, poderá utilizar o jingle de Ulisses Guimarães na campanha de 1989: "Bote fé no velhinho, que o velhinho é demais; bote fé no velhinho, que ele sabe o que faz."

Serra formou sua cabeça política nos anos 1960, e isso deixou sequelas "cepalinas" e esquerdistas: ele defende que haja intervenção no Banco Central, não defende de forma convincente a privatização, acredita que o governo tem que melhorar a vida das pessoas em todos os aspectos, o assim chamado ativismo governamental, em suma, Serra poderia ser colocado, com facilidade, em termos de política econômica, à esquerda de Antônio Palocci, do PT. Aécio, jamais. A campanha de Serra foi vexatória, porque não existe nada menos adequado para fazer oposição a um governo de esquerda do que um oposicionista também de esquerda. A campanha de Serra foi uma campanha sem criatividade, envelhecida, que não aproveitou o caráter vibrante da sociedade brasileira. Uma campanha que começou prometendo mutirões da saúde para cirurgias de varizes, próstata e catarata, passou pela promessa dos 400 quilômetros de metrô nas cidades grandes brasileiras e acabou prometendo o 13º para o bolsa-família, aumento de 600 reais para o salário mínimo e aumento real de 10% para os aposentados. Em suma, uma campanha sem rumo.

A campanha de Serra foi uma campanha sem rumo porque ele é hoje uma figura fora de lugar. Não representa nem a esquerda, que é o PT e tem políticos de sobra, nem os conservadores, que defendem que o estado não tutele os indivíduos. Aliás, o principal ícone dessa agenda conservadora é a redução de impostos. Em nenhum momento da campanha de 2010 Serra defendeu de forma tão consistente quanto convincente a redução de impostos. Não o fez nem poderia tê-lo feito. Quando o Senado Federal rejeitou a CPMF, Serra e Lula, juntos em seu esquerdismo atávico, trabalharam duro para que a CPMF fosse mantida. Ambos, o presidente e o governador do estado mais importante do país, foram derrotados pela vibrante sociedade brasileira.

A decisão do PSDB de lançar Serra candidato em 2010 foi baseada no autoengano: apesar de todas as evidências do favoritismo de um governo muito bem avaliado, foram elencados inúmeros argumentos irrelevantes que sustentariam a crença em uma eventual vitória de Serra. O principal argumento do autoengano foi o confronto de biografias. Os serristas estavam genuinamente persuadidos de que a fraqueza de Dilma, completamente inexperiente e despreparada, quando confrontada com a elevadíssima qualificação de Serra, seria suficiente para derrotar o governo. O próprio Serra não cansou de defender tal visão. Desde que Dilma ultrapassou Serra nas intenções de voto, não houve qualquer reação do candidato do PSDB. A campanha, consideradas exclusivamente as propagandas oficiais dos candidatos, em nenhum momento levou Serra a melhorar sua situação na intenção de votos.

A queda de Dilma nas pesquisas de intenção de voto no primeiro turno da eleição de 2010 não se deveu à campanha de Serra, mas ao escândalo Erenice e à existência de Marina. A campanha de Serra foi incapaz de persuadir os eleitores de Dilma a deixarem de votar na candidata de Lula e votar nele. Não ofereceu argumentos para que isso ocorresse. Tanto isso é verdade que a proporção de Serra no segundo turno de 2010 ficou apenas um pouco maior do que os 41,6% de votos que Geraldo Alckmin obtivera no primeiro turno de 2006. Não surpreende, o marqueteiro foi o mesmo.

Eis aí outro episódio incompreensível da campanha de Serra. Imagino que ele seja um defensor do mérito. Pois bem, pensar assim não nos permite entender por que Serra contratou para sua campanha o mesmo marqueteiro que fora derrotado por João Santana (o marqueteiro de Lula na eleição passada e de Dilma agora) em 2006. O que podemos afirmar diante desses fatos é que o marqueteiro de Serra em 2010 e de Geraldo Alckmin em 2006 se especializou em perder eleição presidencial. Aliás, 2010 foi uma eleição que uniu uma dupla de derrotados: o Serra derrotado de 2002 com seu marqueteiro derrotado de 2006. Nada mais contrário ao mérito.

Os erros de marketing da campanha de Serra foram inúmeros: ele não defendeu a redução de impostos, não fez um discurso claro e alternativo ao PT de melhoria da vida dos pobres, não defendeu a privatização dos aeroportos como forma de dar acesso aos voos à grande maioria da população brasileira, assim como ocorrera com o celular, ficou tratando de temas provincianos de ensino técnico profissionalizante e duas professoras por sala de aula. É surpreendente que, em sua campanha, ele e seu marqueteiro não tenham se preparado para lidar com o tema das privatizações. Em 2006, foi assim que o PT atacou Alckmin no segundo turno e, portanto, era previsível que tal tática seria utilizada novamente. A resposta de Serra foi "acusar" também o PT de fazer privatizações. Inacreditável. Além de tudo isso, o marketing da campanha de Serra não apresentou um projeto para o Brasil. Talvez Serra nunca o tenha tido. Ele tem sim um projeto para São Paulo. Não é suficiente para ser presidente. Muito estranho vindo de quem afirma que se preparou a vida inteira para isso.

Com Aécio Neves, não teríamos nem candidato derrotado nem marqueteiro derrotado. Teríamos um político agregador e que por isso, já no primeiro turno, teria provavelmente o apoio de parte do PSB e do PMDB. Dizia-se à época que Ciro Gomes seria o vice de Aécio. Ainda que não fosse o Ciro, havia a chance de que fosse alguém importante do PSB, o que dividiria a base do governo. Serra teve o Índio da Costa como vice. Choveu no molhado: trouxe o DEM, que já estava com ele. Aécio cunhou o que considero ter sido a melhor frase daquele segundo turno: "Quem for contra as privatizações, que jogue no lixo o seu celular". Serra não utilizou essa frase, preferiu cunhar outra, que se referia ao orelhão. Compreensível, Serra é dos anos 1960, Aécio não. Os brasileiros jovens não sabem o que é um orelhão, mas sabem perfeitamente o que é um celular.

O PSDB não teve coragem para se livrar de Serra em 2010 e deixou o eleitorado fazer o serviço. Uma pena. Caso Aécio tivesse enfrentado Dilma agora, e caso a vitória do governo tivesse se confirmado, o PSDB teria colocado nacionalmente o nome de seu candidato a presidente em 2014. Adicionalmente, é possível que o de Marina não tivesse crescido. O fenômeno de crescimento da Marina se deveu a um fator importante, o voto dos jovens. As pessoas de 18 a 30 anos de idade que decidiram no primeiro turno abandonar Dilma não caminharam para Serra, e sim para Marina. Tendo a acreditar que com Aécio na disputa isso não teria acontecido.

Apenas lamento que o PSDB tenha tomado a decisão de lançar Serra baseado no autoengano. Naquilo que um importante escritor norte-americano chamou de mentira vital. Aécio não cometeu esse erro. Eis mais um de seus méritos. Aceitou a força de verdades simples. Assim, é muito provável que tenha previsto, baseado em dados científicos, isto é, na avassaladora

No segundo turno, votaria em José Serra e Aécio se os dois estivessem juntos, um como candidato a presidente e o outro a vice; ou em Dilma, que seria a candidata apoiada por Lula (%)

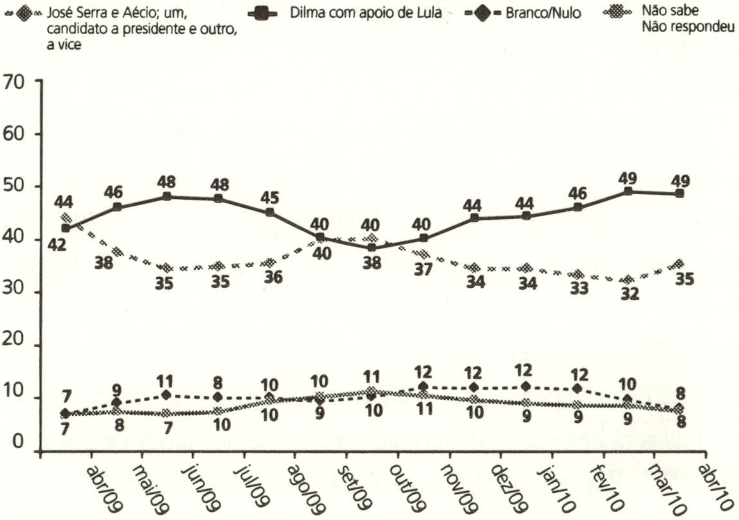

avaliação positiva do governo Lula, que eram mínimas as chances de Serra derrotar Dilma. Justamente por isso, não quis ser o vice de Serra. Político sem mandato é o mesmo que empresário sem empresa.

Como político, Aécio é muito superior a Serra. O PSDB perdeu a chance de, na pior das hipóteses, lançar em 2010 aquele que poderá ser seu candidato a presidente em 2014. Se isso tivesse sido feito, o nome de Aécio seria hoje nacionalmente reconhecido. Ele seria o líder inconteste da oposição a Dilma. Em 2014, após o fenômeno Marina, o PSDB terá que fazer um enorme esforço para tornar Aécio um nome nacional, conseguirá, mas será bem mais difícil, agora que Aécio não foi candidato em 2010. Repito, porém, que é a hora e a vez de Aécio Neves. Oxalá ele conduza o partido para a construção de uma identidade clara. Identidade esta que deverá levar em conta a principal obra do PSDB: o governo Fernando Henrique. Quanto a Serra, *hasta la vista, baby*.

# Em defesa do governo Fernando Henrique

Karl Marx, ao analisar o 18 Brumário de Luís Bonaparte, escreveu: "Hegel observa em uma de suas obras que todos os fatos e personagens de grande importância na história ocorrem duas vezes. E esqueceu-se de acrescentar: a primeira vez como tragédia, a segunda como farsa." A primeira derrota nacional de Serra em 2002 foi uma tragédia. Sua segunda derrota, mais uma vez acachapante: 12 pontos percentuais atrás de Dilma Rousseff, que nunca havia disputado uma eleição antes. Nesta segunda derrota, Serra fez uma campanha de candidato de oposição disfarçado de candidato governista. Indo mais longe, o que foi o Serra (ou o Zé) naquela campanha, governo ou oposição? A Dilma, todos sabemos que estava na garupa do Lula. Imaginava que Serra deveria estar na garupa do governo Fernando Henrique; digo isto porque foi essa a principal obra, a principal contribuição e o principal legado que o PSDB deu ao Brasil.

Serra e sua equipe de comunicação não trataram o PSDB como um partido político, mas como uma empresa de marketing. Pode ser que a decisão de colocar Lula no programa de televisão de Serra tenha sido a pá de cal sobre as esperanças daqueles que, naquela campanha, almejavam ver um partido político em ação. Serra tentou se posicionar como uma espécie de candidato de governo, de candidato de Lula. Do ponto de vista do marketing, há um problema grave quando se faz isso: Serra torna-se o governista genérico e joga no colo de Dilma a característica de governista de marca.

Não bastasse isso, tivemos na campanha de Serra a favela cenográfica. Quem tomou a decisão de fazer isso mostra que não compreende o Brasil adequadamente, não sabe o papel simbólico da favela na cultura brasileira. Cartola veio da favela, Fernandinho Beira-Mar também. Há na favela a velha e característica ambiguidade brasileira: tanto a alegria do samba e do carnaval quanto o poder dos traficantes que ali se escondem. Há favelas emblemáticas em todas as grandes cidades brasileiras: em São Paulo, Heliópolis e Paraisópolis; no Rio, Rocinha e Mangueira. Romário e muitos de nossos ídolos do futebol vieram da favela. Vieram da favela também algumas de nossas mais renomadas escolas de samba: Mangueira, Salgueiro, Império Serrano, apenas para citar algumas. Os estrangeiros que desembarcam no Brasil perguntam coisas sobre as favelas; por conta disso, elas já são hoje em algumas cidades pontos de visitação turística. Nada disso foi levado em conta quando se decidiu colocar Serra dentro de uma favela cenográfica.

A propaganda eleitoral gratuita de Serra nessa campanha esteve mais na linha de uma campanha municipal ou estadual do que de uma campanha nacional. Isso revela que Serra e sua equipe não tinham um diagnóstico do Brasil e muito menos um projeto para o Brasil. Na campanha, tratou-se de mutirões da saúde, cirurgias de varizes, duas professoras por sala de aula, 34 Etecs, dificuldades da APAE, dívidas das Santas Casas de Misericórdia, todos temas municipais e estaduais. Na campanha, não se falou em "nós do PSDB fizemos", falou-se somente em "eu fiz, eu fiz, eu fiz". Não houve grupo político em volta de Serra, houve somente ele. Não se pediam votos para o programa do PSDB, pediam-se votos para a pessoa supostamente supercapaz que é Serra. Adicionalmente, nada foi dito sobre a capacidade de consumo da população. Este sim o tema nacional, e não municipal ou estadual, que realmente define o voto para presidente.

Aliás, qualquer conjunto de dados mostra que o governo Fernando Henrique foi crucial no aumento do poder de compra da população brasileira. Isso indica que cuidar dos pobres não é monopólio nem de Lula nem do PT. O candidato Serra deveria ter colocado na sua propaganda de TV todos os avanços no consumo da população brasileira que podiam ser creditados na conta de FH.

A campanha de Serra teve vários outros problemas: o autoengano como motivador da crença na vitória, o desprezo por decisões genuinamente políticas e a fé ingênua na efetividade de um marketing de curtíssimo prazo. Desde o início de 2009, várias pesquisas indicavam que, se o eleitorado soubesse que Dilma era apoiada por Lula, o candidato do PSDB seria derrotado. Além disso, nada mudou nos 18 meses que antecederam o pleito, no que tangia à avaliação do governo, justamente o que fez Dilma vencer. Dito isso, a decisão de Serra de ser candidato teve, portanto, a sua psicologia e motivações mapeadas pelo livro *Autoengano*, de Eduardo Giannetti.

Serra conseguiu um fato inédito: combinar derrota eleitoral com derrota política. Não deixou herança para a eleição de 2014: defendeu Lula na campanha, foi tão estatizante quanto Dilma, apoiou a intervenção no Banco Central, criticou o ajuste fiscal etc. Nada disso teve nem tem serventia para o atual papel oposicionista do PSDB. Serra poderia ser filiado ao PT; ele sempre esteve, no que diz respeito à política econômica; mais à esquerda do que Palocci. Caso o candidato tivesse sido Aécio, poderia sim ter acontecido a derrota eleitoral, mas provavelmente ela não viria acompanhada de derrota política. Serra só fez cair nas pesquisas, Aécio teria subido o tempo todo. A queda de Serra e a subida de Dilma colocaram pressão sobre o PSDB. A subida de Aécio, se tivesse sido ele o candidato, teria colocado pressão sobre a campanha do governo. Adicionalmente, com Aécio candidato em 2010, o PSDB deixaria plantadas as sementes de uma candidatura forte para 2014. Com Serra, o máximo que se obteve depois de 31 de outubro foi mais um palestrante de eventos de motivação empresarial.

Igualmente grave foi o completo desprezo da campanha de Serra em relação à maior obra do PSDB: as medidas e o legado dos oito anos do governo Fernando Henrique. O PSDB já sabia, desde 2002, que Serra não nutria grandes simpatias pelo que foi realizado entre 1995 e 2002. Quem quiser, poderá conferir no YouTube a nota que Serra deu ao governo FH quando perguntado sobre isso no *Programa do Jô*. Serra ficou em dúvida entre 7 e 7,5 (em uma escala de zero a 10). Jô o ajudou a ficar com 7,5. Pouco tempo depois, na bancada do *Jornal Nacional*, William Bonner e Fátima Bernardes relembraram esse episódio e em seguida perguntaram a Serra que nota ele dava para seu próprio desempenho à frente do Ministério da Saúde — ele deu 7,5. Claro, não poderia ser maior do que a nota do presidente que o nomeara para o ministério. Tenho a curiosidade de saber, considerando-se que Lula (e não FH) foi parar no programa de TV de Serra, que nota o candidato derrotado teria dado para o governo do presidente Lula. Menor do que os 7,5 de FH? Maior?

Fernando Henrique debelou a inflação, privatizou inúmeras empresas ineficientes, criou efetivamente um Banco Central, fazendo-o funcionar para defender a moeda, lançou as bases de uma real política educacional e desenvolveu-a, deu o pontapé inicial no programa social do bolsa-família, permitiu que as famílias brasileiras mais pobres iniciassem seu processo de aumento do poder de compra etc. A lista é muito, muito longa. Lembro-me bem, em 1998, coordenando pesquisas eleitorais no Rio de Janeiro, do depoimento comovido dos entrevistadores que diziam que os entrevistados votariam em FH porque ele tinha sido o primeiro a colocar comida na mesa dos pobres. Hoje, quando se pergunta, em pesquisas qualitativas, quando a vida das pessoas começou a melhorar, todos mencionam o governo Fernando Henrique, destacando dois fatos específicos: a queda da inflação e o real forte diante do dólar.

Sabe-se que Serra é contra o real forte diante do dólar, mas os eleitores que ele quis representar nunca o foram. Dados de pesquisas mostram que um quarto de todos os eleitores brasileiros reconhece, que toda vez que o real fica mais forte diante do dólar, o preço dos alimentos cai no supermercado. Isso é lembrado da época de FH, é reconhecido hoje, mas Serra nunca se importou com isso.

Parafraseando Michael Porter, o professor de Harvard mundialmente conhecido por ser um especialista em estratégia competitiva de empresas, pode-se afirmar que "um candidato sem estratégia corre o risco de se transformar em uma folha seca que se move ao capricho dos ventos da campanha eleitoral". É exatamente o que aconteceu com Serra. Como ele não tinha um projeto de país, acabava sempre se agarrando ao tema do momento, fez a campanha ao sabor dos ventos da mídia. Em uma determinada semana o tema da campanha foi o aborto; em semanas anteriores, foram os escândalos da Receita Federal e de Erenice Guerra. Os escândalos de corrupção (como o caso dos aloprados), devemos nos recordar, não levaram Alckmin a derrotar Lula em 2006, e em 2010, não como tragédia, mas sim como farsa, nem levaram Serra a derrotar Dilma.

Que a derrota de Serra foi humilhante, não há dúvidas. Proponho, contudo, outra leitura dessa derrota. A eleição de 2010 transcorreu em uma situação política muito adversa para a oposição, por conta da avaliação extremamente positiva do governo Lula. Em uma situação tão desfavorável, com um candidato sem rumo e sem estratégia, com uma equipe de marketing comprovadamente derrotada, posto que perdera a eleição de 2006 com Alckmin, acabar a corrida eleitoral com pouco mais de 30% dos votos no primeiro turno e 44% no segundo foi um excelente resultado. Acho que essa deveria ser a leitura da oposição. Na pior de todas as situações, ainda assim ela terá 30% dos votos.

Isso significa que o PSDB não é um partideco, não é uma empresa de marketing, é um partido com P maiúsculo. Por isso, o longo e penoso velório que foi a campanha de Serra, culminando em seu funeral político nacional em 31 de outubro de 2010 deveria ter sido vivido com um mínimo de dignidade, dignidade essa que teria sido a defesa da herança de Fernando Henrique. Sempre houve e haverá muito, muito mesmo, o que defender. Faltou a Serra coragem para fazê-lo. O PT atacou abertamente em seu programa de TV tudo que o PSDB fizera nos anos de FH. Serra não defendeu, covardemente, nada do que FH fez. Serra e sua campanha tomaram decisões exclusivamente de marketing. De um marketing de baixíssima qualidade, que não contribuiu para que o PSDB reforçasse a sua identidade. Faltou fazer uma campanha baseada na decisão política de marcar o terreno, de deixar claro que PT é PT, e PSDB é PSDB. Isso teria sido de grande utilidade para os tucanos nos próximos anos. O PSDB deu sua legenda duas vezes para a candidatura Serra. Faltou a Serra grandeza para defender o PSDB e seu legado.

# O elogio ao óbvio ululante

As grandes verdades tendem a ser bastante simples. Na economia, há a lei da oferta e da procura. Quando o preço de um produto ou serviço é muito elevado, a quantidade procurada é bem pequena. Baixe-se o preço do produto, e dá-se o inverso. A lei da gravidade em suas duas versões, newtoniana e einsteiniana, explica uma enorme quantidade de movimentos baseada em um esquema analítico simples. A teoria da evolução de Darwin também é assim; poucas variáveis explicam a grande diversidade de plantas, animais e espécies.

Na opinião pública, há também essas verdades simples. Uma delas é a que afirma que os eleitores que aprovam um governo tendem a votar no candidato do governo. Alguns criticam tal afirmação, César Maia é um deles, dizendo que se trata de uma obviedade. Não é obviedade, é simplicidade mesmo. Eu diria que as verdades simples deixam apavoradas as pessoas que se acham geniais e brilhantes. O seu suposto brilhantismo não tolera explicações simplórias. Porém, acreditar na contradição entre genialidade e simplicidade é um erro crasso. Eis que nada é mais simples do que a teoria da evolução de Darwin, justamente o que fez dele um cientista genial.

César Maia defendeu, durante todo o ano de 2009 e no início de 2010, o argumento complexo e mirabolante de que Lula não seria capaz de transferir votos para Dilma. Vale aqui citar alguns trechos do ex-blog do César Maia, de abril de 2010, que ilustra bem a análise que ele assina acerca da incapacidade de transferência de votos de Lula para Dilma: "Em fevereiro de 2009, fiz uma análise da personagem Dilma Rousseff, lembrando que a transferência de votos entre políticos de personagens diferentes é muito difícil. No caso de Lula e Dilma, trata-se de personagens antípodas. Aliás, a personagem Dilma — séria, tecnocrática, vertical, inflexível — foi criada pelo próprio Lula pós-mensalão. Lula, do ponto de vista da psicologia social, é um personagem feminino, próximo, amigo, *acarinhável*, *vitimizável*. Dilma é um personagem, do ponto de vista da psicologia social, masculino, distante, vertical. Talvez Patrus fosse um personagem com perfil mais próximo de Lula. Agora é tarde, Inês é morta."

Ler esse texto hoje configura um exercício que beira o patético. Seu autor certamente achava que estava elaborando um raciocínio superinteligente, brilhante, genial. A realidade foi mais dura e simples. O eleitorado que avaliava o governo como ótimo ou bom, ao tomar conhecimento de que Dilma era a candidata governista, decidiu votar nela. Esse processo de aumento de conhecimento do candidato governista se acelerou e se massificou com o início do horário eleitoral gratuito. Todas as elucubrações supostamente brilhantes foram massacradas pela realidade, foram atropeladas por um rolo compressor denominado conversão de avaliação positiva do governo em votos para o candidato governista.

César Maia, em todo o período eleitoral, apelou para termos e metáforas impressionantes, tais como: luta de espadachins, jogo de xadrez, jogo go e "jogo de coordenação", segundo ele mesmo uma expressão que significa processo de distribuição de informações e de troca de opiniões entre as pessoas até que a intenção de voto se transforme em decisão de voto. Tantas metáforas, tantos termos não usuais para nada. O que realmente aconteceu foi que, à medida que o eleitorado tomou conhecimento de que Dilma era a candidata do governo, decidiu votar nela. Como a grande maioria aprova o governo, a grande maioria decidiu, no decorrer do último ano, abandonar Serra e votar em Dilma.

Os dados mostram que, em janeiro de 2009, em segundo turno, Serra tinha 63% de votos de quem avaliava Lula como ótimo e bom. Essa proporção veio caindo desde então, atingiu 43% em maio de 2009, ficou estabilizada daí até dezembro, período no qual Dilma se retirou para tratar do câncer, e continuou caindo em seguida para 31% em maio de 2010 e somente 21% em agosto. Dilma conheceu trajetória oposta à de Serra. Em janeiro de 2009, ela tinha somente 15% de quem avaliava o governo Lula como ótimo ou bom. Subiu para 39% em maio de 2009, ficou estabilizada em quase 50% no primeiro semestre de 2010 e subiu de forma espetacular depois que começou a propaganda na TV, convertendo em votos 70% do ótimo e bom de Lula. Óbvio e ululante.

Não é de hoje que essa regra simples rege a política e a opinião pública brasileira. Em 1996, os bem avaliados César Maia e Paulo Maluf elegeram seus candidatos para lhes suceder no Rio e em São Paulo, respectivamente Conde e Celso Pitta. Marconi Perillo governou Goiás por oito anos. Foi eleito a primeira vez em 1998 e reeleito em 2002. Como não podia disputar uma nova reeleição em 2006, ele indicou Alcides Rodrigues, apoiando-o e fazendo sua campanha, e seu candidato acabou vencendo. Perillo estava muito bem avaliado ao final de seu período de oito anos. Verdade simples: o eleitor de Goiás votou no candidato do governo bem avaliado. Com uma antecedência de quatro anos, o mesmo aconteceu no Pará. Almir Gabriel foi eleito duas vezes consecutivas, em 1994 e 1998. Em 2002, ele indicou Simão Jatene para lhe suceder. Mais uma vez o governo bem avaliado foi capaz de fazer o seu candidato vencer. Ninguém hoje sabe dizer se Perillo era um personagem próximo, amigo e feminino, ou se Alcides era vertical, distante e inflexível. O que se sabe é que Perillo tinha em 2006 um governo bem avaliado, e o seu candidato era Alcides Rodrigues; isso é suficientemente simples para entender o desfecho daquela eleição.

Pela mesma regra, é possível entender alguns resultados de 2010: o bem avaliado Aécio Neves elegeu Antônio Anastasia para o governo de Minas Gerais, o bem avaliado Blairo Maggi fez o mesmo no Mato Grosso com seu candidato Silval Barbosa. Com pouco — avaliação de governo —, explica-se muito a grande maioria das vitórias e derrotas.

O erro de César Maia encontra paralelo no erro de Carlos Augusto Montenegro, diretor do Ibope, ao afirmar de maneira categórica em agosto de 2009 que Lula não faria seu sucessor. Naquele mês, Serra liderava com folga as pesquisas de intenção de voto. Neste caso, Montenegro disse com certeza que Serra venceria, e Dilma perderia. Dez meses mais tarde, no começo de junho de 2010, o mesmo Montenegro afirmou que tanto Serra quanto Dilma poderiam vencer a eleição, e que isso aconteceria no primeiro turno. Poucos dias antes desta declaração no evento do Grupo de Líderes Empresariais (Lide) fora publicada uma pesquisa do Ibope na qual Serra e Dilma estavam empatados com 37% cada um. Mais uma vez, a declaração de Montenegro repetiu o dado da intenção de voto. Agora com o agravante de que a vitória ou de um ou de outro seria no primeiro turno. Como Marina tinha 8% das intenções de voto, ele estava dizendo que qualquer um iria abrir uma vantagem de mais de 8 p.p. sobre o outro. É como se o serviço de meteorologia dissesse que amanhã poderá fazer mais ou menos 10 graus centígrados, dependendo de para que lado sopre o vento. Tempos depois, quando Dilma abriu uma larga margem sobre Serra, a previsão de Montenegro se tornou "vitória de Dilma no primeiro turno". Mais uma vez, a previsão apenas refletiu o resultado da pesquisa.

O erro mais grave de Montenegro, porém, diz respeito ao PT. Na mesma entrevista de agosto de 2009, o renomado analista afirmou o seguinte: "O mensalão acabou com todo o apelo que o PT havia acumulado em sua história. Ali acabou o diferencial. Ali acabou o charme. Todas as suas lideranças foram destruídas. Estrelas como José Dirceu, Luiz Gushiken e Antônio Palocci se apagaram. Eu não diria que o partido está extinto, mas está caminhando para isso." O PT saiu das urnas mais forte do que nunca. Elegeu a presidente, a maior bancada de deputados federais, tornou-se a segunda maior bancada no Senado e ficou com os governos do Rio Grande do Sul, Bahia, Sergipe, Acre e Distrito Federal. Outro erro crasso de Montenegro.

O erro maior não advém da análise equivocada das pesquisas, mas da ignorância acerca da história: o PT é um típico partido social-democrata europeu. Assim, ele veio para ficar, com ou sem mensalão. O PT nasceu radical e obrista e foi se moderando à medida que foi crescendo. Essa trajetória é idêntica à do SPD alemão, fundado em 1875; do Partido Socialista Operário Espanhol, fundado em 1879; e à do Partido Trabalhista britânico, fundado em 1898, e também à dos socialistas franceses e ex-comunistas italianos. O PT tem pouco mais de 30 anos de existência. Caminha, obviamente, para ser tão longevo quanto o SPD, o PSOE ou o Labour Party.

César Maia continuou sem mandato. Não conseguiu nem mesmo ser eleito para a segunda vaga de senador pelo Rio de Janeiro. Esse resultado seria difícil de prever, tomando-se o estilo analítico do próprio César Maia, recorrendo-se a coisas como jogo de coordenação ou luta de espadachins. Porém, analisando-se a avaliação dele ao sair da prefeitura do Rio Janeiro em 2008, somente 23% de ótimo e bom, seria fácil prever que o povo do Rio de Janeiro não lhe premiaria com o Senado, em função do péssimo desempenho que teve no seu último mandato de prefeito.

Proporção dos eleitores que avaliam Lula como ótimo e bom que votam em Dilma ou Serra em um eventual segundo turno

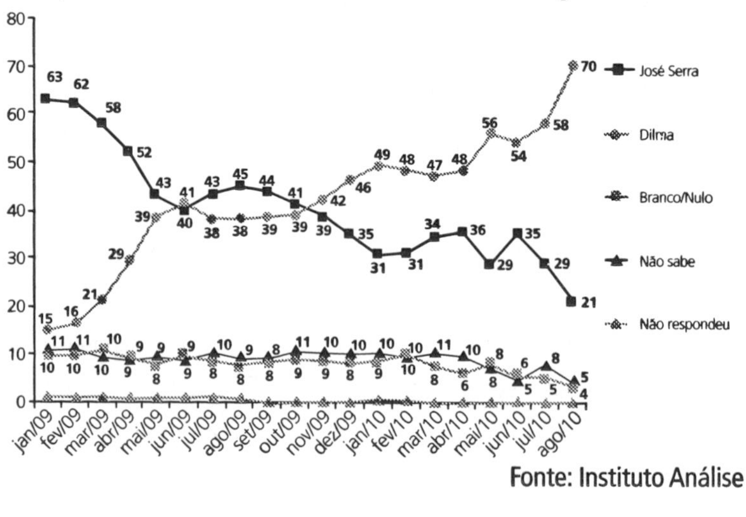


Fonte: Instituto Análise

# A eleição de 2010 repetiu 1994, mas com o sinal trocado

Onde há disputa, há imprevisibilidade. É o caso de uma Copa do Mundo, e é o caso de uma eleição. Uma eleição só é totalmente previsível quando há apenas um candidato. Em tal situação rara, esse único candidato tem 100% de chances de vencer. O mundo da disputa é um mundo probabilístico. O mundo do candidato único, da seleção única, do partido único é um mundo determinístico: está determinado que, enquanto houver partido único na China, apenas o partido comunista a governará. Quando há dois ou mais partidos, há probabilidades. Cada partido tem uma chance de vencer a eleição presidencial. De um modo geral, há sempre um lado com mais chances e outro com menos chances.

Quem gosta de estatística gosta de história. Foi isso que aprendi com meu professor de estatística da época de mestrado e doutorado, Nelson do Valle e Silva. Ele sempre foi e é um excelente estatístico e um grande apreciador de livros de história.

Quanto a isso, vale mencionar aqui, textualmente, o que está escrito na página 31 do meu livro *A cabeça do eleitor*: em 1994, o governo Itamar Franco estava bem avaliado, e foi eleito o seu ex-ministro da fazenda, Fernando Henrique Cardoso; em 1998, o governo Fernando Henrique estava bem avaliado, e o próprio presidente foi reeleito; em 2002, o governo Fernando Henrique estava mal avaliado, e foi eleito o seu principal opositor; e, em 2006, o governo Lula estava bem avaliado, e o presidente foi reeleito. Para bom entendedor, basta: o governo Lula está muito bem avaliado, e por isso o grande favorito a ser eleito é a candidata do governo. Estamos falando, é claro, probabilisticamente, mas as chances são muito altas.

Marconi Perillo foi duas vezes governador de Goiás. No final de seu segundo mandato, ele estava muito bem avaliado. Fez campanha para Alcides Rodrigues, que foi eleito. O mesmo aconteceu no Pará, quando Almir Gabriel completou o seu segundo mandato. A população queria continuidade e elegeu Simão Jatene. O mesmo acontecia antes de haver reeleição; foi assim com Quércia e Fleury, com Maluf e Pitta, com César Maia e Conde. Em todos esses exemplos, a avaliação positiva dos respectivos governos era bem menor do que a que ocorreu nos últimos dois anos do governo Lula. Vamos tratar sempre como sinônimo de avaliação positiva a soma dos percentuais de ótimo e bom, o que para o governo Lula ficou entre 75% e 80% na reta final do processo eleitoral.

O raciocínio é muito simples. Quem avalia o governo como ótimo e bom tende a votar no candidato do governo. Foi assim que em 1994 aproximadamente 60% dos eleitores que avaliavam o governo Itamar como ótimo e bom votaram em Fernando Henrique. Itamar tinha 37% de avaliação positiva. Multiplicando-se 60 por 37%, tem-se 22. Isto é, 22 pontos percentuais dos votos que Fernando Henrique teve em 1994 vieram de quem avaliava Itamar como ótimo ou bom.

Dilma teve, dentre os que avaliavam positivamente o governo Lula, 45 pontos percentuais de votos, que, somados aos votos de quem avaliava Lula como regular, deu em 56% no segundo turno. Quarenta e cinco pontos percentuais de votos é o resultado que se obtém quando se multiplica 60 por 75%, que era a soma do ótimo e bom de Lula. Se Fernando Henrique teve 60% de votos graças à avaliação positiva de Itamar, por que Dilma não teria igual votação daquelas que faziam a mesma avaliação de Lula?

Itamar não fez campanha para Fernando Henrique, Lula fez muita campanha para Dilma. Em 1994, o senador por São Paulo, Fernando Henrique, não era ainda nacionalmente conhecido. Era muito conhecido em São Paulo, mas bastante desconhecido no resto do país. O voto em Fernando Henrique foi o voto naquele que baixou a inflação, naquele que fez o Plano Real. O raciocínio do eleitor foi muito simples: ele votou no portador do Plano Real, daí a vitória já no primeiro turno. Em 2010, o Plano Real tinha outro nome, chamava-se governo Lula. Votar no portador do Plano Real de 2010 era o mesmo que votar em Dilma.

Dunga foi demitido tão logo a seleção foi eliminada da Copa do Mundo. Outros técnicos tiveram o mesmo destino e nunca mais voltaram a treinar a seleção: foram os casos de Coutinho, em 1974, e de Lazaroni, em 1990. Telê Santana é uma grande exceção: perdeu em 1982 e voltou em 1986, para perder novamente. Nos Estados Unidos, o último derrotado que disputou uma segunda eleição foi Nixon, nos anos 1960. Depois disso, derrotado é derrotado e vencedor é vencedor. O futebol é extremamente competitivo. A eleição dos Estados Unidos é extremamente competitiva, ou ao menos se tornou assim a partir dos anos 1960. É curioso que o Serra derrotado de 2002 e o marqueteiro derrotado de 2006 tivessem se unido para juntos tentar vencer Lula, o governo bem avaliado e sua candidata. Isso é o mesmo que manter Dunga no comando da seleção em um campeonato no qual o adversário já venceu duas Copas do Mundo consecutivas.

Em entrevista à revista *Veja* na edição de 21 de abril de 2010, Serra, desculpando-se por parecer pretensioso, afirmou que, aos 14 anos de idade, o seu professor de latim dissera que ele seria presidente, que ele ainda iria mandar em todos os seus amigos de classe. Novamente se desculpando por parecer pretensioso, na entrevista à CBN, ao entrar na discussão com Miriam Leitão, disse que dera o nome "tripé" para a política econômica de Fernando Henrique. Para Sabrina Sato, ele declarou, quando perguntado se estava preparado para os debates, que já nascera preparado. Tudo isso indica que a decisão de ser candidato não foi baseada em probabilidade de vitória, mas nessa propensão psicológica: de parecer pretensioso.

Sempre foi mínima a probabilidade de vitória de Serra diante da demasiadamente positiva avaliação do governo Lula. Era preciso que acontecesse algo completamente fora do previsível para que Serra tivesse derrotado Dilma, algo como um total impedimento de Lula de fazer campanha, a necessidade de substituição da candidata governista muito próximo do dia da eleição, um escândalo, semelhante em simbologia ao dos vídeos que abateram Arruda no DF, atingindo a candidata Dilma, ou coisas desse tipo. Em condições normais, ou seja, nas quais a probabilidade de votar no candidato do governo aumenta quando melhora a avaliação do governo, 2010 era uma eleição na qual Dilma ou qualquer outro candidato do governo eram francos favoritos.

A imagem de Serra ao final da campanha de 2010 ficou muito parecida com a de Geraldo Alckmin em 2006: o eleitorado considerava Serra o mais preparado, aquele mais comprometido com melhorias na saúde e na segurança pública, mas também considerava que Dilma era a mais comprometida com melhorar o consumo dos mais pobres. Nada de surpresa neste desfecho: a equipe de marketing derrotada de 2006 fez também a campanha de 2010. Foi repetida com muito sucesso a fórmula do fracasso.

O Brasil não é ainda um país completamente competitivo. Competitividade significa fazer a fila andar mais rápido; se alguém perde, há alguém na fila atrás esperando a vez. Isso é benéfico para o nosso futebol. É por isso que somos tão bons no esporte bretão. Da mesma maneira, em política, as eleições ficarão mais competitivas e mais apertadas se as equipes e candidatos derrotados de eleições pretéritas forem renovados.

# O grande legado de Lula

No sábado, dia 4 de dezembro de 2010, Lula disse na imprensa que se limitara a fazer o óbvio na presidência. Trata-se de uma afirmação verdadeira. Lula manteve o que funcionava e contou, sem nenhum demérito nisso, com uma enorme sorte. Todos sabem que Lula deu continuidade à política econômica da era FH. Neste sentido, a campanha de 2002 foi inteiramente transparente, na famosa Carta aos Brasileiros, acerca do que Lula faria a partir de 2003. Ele manteve a política de metas de inflação, o superávit primário (manteve-o e aumentou-o no início de seu primeiro governo) e o câmbio flutuante. FH criara essa política, Lula a manteve, e Dilma tenderá também a mantê-la.

Aqueles que esperavam pelos erros ficaram a ver navios, os erros não vieram. Ou vieram sim: foram tão óbvios como os acertos. Há algumas meias previsões fáceis de serem feitas: uma delas é que a cada seis meses vai eclodir um grande escândalo de corrupção, algum que tenha ou cenas chocantes ou quantias exorbitantes, ou declarações desavergonhadas, ou uma mistura disso tudo. Trata-se de uma meia previsão porque não sabemos em que nível será o escândalo e qual governante atingirá. O mensalão se enquadra nesse critério de grande escândalo que ocorre a cada seis meses. No governo anterior, aconteceram, também, grandes escândalos de corrupção. No governo Dilma, eles também acontecerão.

Há algo que qualquer presidente tem que fazer, obrigatoriamente. A presidência é a instituição última de arbitragem dos conflitos políticos. Todo e qualquer presidente da república, no Brasil e alhures, tem que exercer essa arbitragem. Fernando Henrique foi o árbitro último de todas as disputas internas de sua aliança: eleições de presidentes da Câmara e do Senado, conflitos federativos, o inesquecível duelo político e verbal entre ACM e Jáder Barbalho etc. Lula fez o mesmo no mensalão, na entrada triunfal, pela porta da frente, do PMDB em seu governo, na escolha e manutenção de Palocci à frente da política fiscal austera a que Lula deve o sucesso de seu governo etc. Dilma já está fazendo e continuará a fazer o mesmo.

Lula, Fernando Henrique e Dilma foram e serão semelhantes, ao menos, nestas três coisas: política econômica, escândalos de corrupção e arbitragem de conflitos. Há, obviamente, diferenças de grau em cada um desses três aspectos. Todavia, ao menos no que tange a algo extremamente relevante, Lula representou uma grande inflexão em relação a Fernando Henrique: transformou a presidência em um órgão de comunicação com a sociedade. Neste sentido, Lula foi um presidente extremamente americanizado.

Sim, uma das características mais importantes, se não a mais importante, da presidência moderna norte-americana é o papel de comunicador do presidente. Falar de Obama nesse quesito é covardia. Convém, todavia, lembrarmos de Ronald Reagan, o ator de cinema que continuou representando no cargo máximo do país. Clinton e seu charme, Bush filho e seu senso de oportunidade, JFK e seu enorme treinamento antes de cada aparição pública, FDR e a necessidade de esconder a paralisia das pernas. Em todos esses casos, estamos falando de grandes comunicadores e de suas fortalezas (e fraquezas deliberadamente escondidas) com a finalidade de persuadir seus eleitores do acerto de suas decisões.

Nos Estados Unidos, o presidente fala regularmente à nação, seja por meio de entrevistas coletivas, seja em situações mais controladas. Todos se lembram de Bush filho falando ao público pelo megafone em pé por sobre os destroços do atentado de 11 de setembro. Lembremo-nos das inúmeras vezes que diferentes presidentes americanos se reúnem em eventos públicos cheios de simbolismo com suas tropas que operam em outros países.

Existe uma grande razão para que o presidente dos Estados Unidos se comunique de forma emblemática e regularmente com a população: trata-se de uma nação na qual os indivíduos se concebem, muito mais do que no Brasil, de maneira igualitária. Assim sendo, não há aprovação automática para o que o presidente faz. O presidente vai a público para dar argumentos àqueles que simpatizam com ele para defender o seu governo. A persuasão é parte do exercício democrático e igualitário. Aqueles que se consideram acima dos outros não precisam persuadir ninguém de nada. No passado, antes da democracia, eles apenas impunham suas políticas, e azar de quem fosse contra. Líderes que rejeitam a comunicação sistemática e profissional na democracia provavelmente o fazem por avaliar erradamente que a população, uma vez reconhecendo a correção de determinadas ações, vai automaticamente aprová-las. Trata-se de um terrível engano.

A ascensão de Lula na política se deveu em grande medida a suas habilidades de comunicador. Não se trata de uma habilidade inata. Alguns podem aprender mais e outros menos, mas todos, se assim o quiserem, aprendem a se comunicar bem. Lula aprendeu na prática da vida sindical. À frente de greves e manifestações, ele exercitou um longo e penoso treinamento nessa habilidade que lhe foi muito útil na presidência da república. Sob esse aspecto, é interessante analisar os debates presidenciais da eleição de 2010. Neles, foi possível notar a falta de treino na comunicação de Dilma, Serra e Marina. Nenhum deles passou pela escola de comunicação de Lula. A primeira eleição de Serra foi ganha de cima para baixo: primeiro é secretário de governo, depois disputa a eleição e vence. Não é a trajetória daqueles que começam, realmente, de baixo para cima, daqueles que não dependem do governo para ganhar votos, mas sim de sua habilidade de persuasão.

Lula, sendo alguém que vem de baixo, e não de uma elite já estabelecida, teve que contar com as palavras e o discurso para vencer. Sua experiência pessoal foi devidamente incorporada às suas práticas: no mesmo ritmo em que aprendia a se comunicar, ele passou a valorizar tal habilidade. Não são poucos os presidentes norte-americanos que vêm da classe média. Precisaram da comunicação para alçar voo alto na política. Obama se enquadra nesse perfil. Já os líderes que vêm de famílias ricas nos Estados Unidos são submetidos ao ambiente de extrema mobilidade social e ideologia igualitária daquela sociedade. Assim, passam a valorizar a comunicação. A persuasão é fundamental para vencer.

Esqueçamos os detalhes dos discursos de Lula com seus argumentos precários, do ponto de vista da elite, e muitas vezes com palavras inadequadas (também do ponto de vista da elite tradicional brasileira). Em cada aparição pública, Lula estava dando argumentos para seus eleitores defenderem o seu governo. Pensando assim, não importa ver este ou aquele discurso, analisar esta ou aquela palavra, mas sim entender o conjunto da obra: a cada discurso e evento emblemático, Lula estava tentando persuadir a sociedade a apoiá-lo. Uma das teclas em que o presidente bateu insistentemente foi a defesa dos pobres. Quando perguntado sobre o que faria depois de deixar a presidência, Lula disse que defenderia os pobres da África. Analisando por que o Brasil não sofrera muito com a crise de 2008, Lula disse que foi porque os pobres não pararam de comprar. Existem muitos exemplos de pronunciamentos nessa direção.

A presidência de Lula foi uma grande inflexão em relação a Fernando Henrique, no que diz respeito à comunicação com a sociedade. Lula americanizou a presidência da república. Fez isso não porque tenha sido criado em uma sociedade de ideologia igualitária, mas porque veio de baixo e teve que contar com a comunicação para vencer na vida. A grande questão agora é saber se o que Lula fez ficará restrito à sua pessoa ou se tornará padrão na política brasileira. Dilma não tem os mesmos incentivos de seu mentor para se comunicar. O desafio é, portanto, institucionalizar a necessidade de se comunicar com o público.

O que a lição de Lula mostra, à semelhança do que ocorre com os recentes presidentes norte-americanos, é que é útil e apropriado fazer da presidência, na prática, um órgão de comunicação, e do presidente, o maior comunicador do Brasil. Os ministros e auxiliares existem para tocar o governo e fazer políticas públicas. O único que pode trazer o apoio da opinião pública, que é o apoio político necessário para bem governar, é o presidente.

# O pequeno legado de Lula

Estou em busca de uma avaliação não tradicional do governo Lula. No final de 2010, os artigos e reportagens da imprensa chamaram a atenção para dois lados do governo que terminava: a melhoria do padrão de vida da população (o lado positivo do governo) e a inexistência de legislação reformadora, o aspecto mais negativo da administração Lula.

Considero que o lado positivo dos oito anos de governo Lula foi o fato de ele ter assumido aquele que considero ser o mais importante papel do presidente: o de se comunicar com a sociedade. O presidente, eis uma lição importante que fica para Dilma, não deve se imiscuir nos detalhes diários da administração, sob pena de induzir a sua equipe a não tomar decisões ou a tomar decisões erradas. O presidente é, antes de qualquer coisa e acima de tudo, um comunicador. Essa foi a grande virtude de Lula, como também foi de Ronald Reagan, Clinton, Bush filho e tem sido a de Obama.

O lado negativo do governo foi sim a inoperância legislativa, mas também a completa falta de empenho de Lula em associar os impostos ao bom uso do dinheiro público. Não cabe aqui questionar, a princípio, a predisposição de Lula, durante ambos os mandatos, em defender mais impostos. O presidente não parou até hoje de lamentar aquela que foi, em sua própria avaliação, a grande derrota legislativa de seu governo: a abolição da CPMF. Como cidadão e pagador de impostos, afirmo que a principal derrota do governo Lula foi uma grande vitória da sociedade. Nós, que pagamos impostos e vemos todos os dias o dinheiro público sendo desperdiçado, achamos que a derrota do governo foi, não coincidentemente, a nossa vitória. Foi-se o tempo em que Lula defendia apenas os interesses dos movimentos sociais. Hoje ele é um homem de estado e, portanto, defende os interesses do governo. O governo quer mais impostos, quer botar mais a mão dentro de nossos bolsos.

Não defender a redução de impostos e ficar feliz toda vez que eles aumentam faz parte da ideologia de Lula. Lula é um líder de esquerda, Lula é um social-democrata, e toda pessoa de esquerda gosta de impostos. Gosta de mais e melhores impostos. É legítimo que Lula e seu partido sejam entusiastas do aumento de impostos e que esta propensão se manifeste na indignação de Lula contra a rejeição da CPMF. Cabe aqui um parêntesis irresistível: onde está a oposição em relação a esse tema? Fecha parêntesis.

O que não é compreensível é que, durante oito anos, o grande líder social que se tornou presidente não tenha feito, em suas declarações públicas, a ligação entre pagar impostos e utilizar bem o dinheiro público. Uma das frases de Lula registradas no livro de Marcelo Tas, *Nunca antes na história deste país*, o presidente referiu-se aos funcionários da presidência da república: "há centenas de empregados à minha volta que nem sei o que estão fazendo." Lula disse isso em setembro de 2009. Ao dizer isso, ele estava fazendo pouco-caso do nosso dinheiro, que é utilizado pelo governo para pagar esses empregados.

Em dezembro de 2010, foi aprovado na Câmara dos Deputados um aumento salarial de 130% para o presidente e 149% para os ministros. De quebra, os próprios deputados se deram um aumento de quase 62%. Diante desse fato, Lula fez uma brincadeira: "E o Lulinha aqui ó..." Ele se referia jocosamente ao fato de o aumento ter sido aprovado quando ele estava saindo do cargo de presidente. Que pena! Lula não foi beneficiado pela magnanimidade de nossos deputados no uso do nosso dinheiro. Há estimativas de que tal reajuste, em função do efeito que terá sobre o aumento de deputados estaduais e outros cargos públicos de grande relevância para o funcionamento do país, provoque um impacto de dois bilhões de reais nos cofres públicos.

No dia 3 de dezembro de 2010, antes, portanto, do aumento desses salários, Lula afirmou: "A carga tributária no país é justa." É surpreendente que tal afirmação tenha sido feita por alguém que é percebido como defensor dos pobres. Quem mais paga imposto no Brasil, como proporção dos rendimentos, são os mais pobres. Isso não é justo. A cesta básica no Brasil é tributada em torno de 21%. Isso não é justo. Nossa carga como proporção do PIB é da ordem de 35%, maior do que em muitos países desenvolvidos que fornecem para suas populações ótimos serviços públicos. Isso não é justo.

O dinheiro público no Brasil deveria ser gasto com frugalidade e nada melhor do que um presidente que veio da pobreza para dar esse exemplo. Lula não fez isso em nenhum momento de seus oito anos de presidente. Nesse período, nossa carga tributária aumentou e aumentaram também os salários e regalias de nossos funcionários públicos eleitos e não eleitos. Não bastasse o Aerolula, ao final de seu mandato o presidente defendeu a compra de um novo avião, maior, mais moderno e mais caro para a presidência da república. Seria o Aerodilma. O presidente argumentou que é vergonhoso para o líder máximo de um país como o Brasil ter que fazer escala para abastecer em voos mais longos.

O primeiro-ministro da Suécia tem direito a morar em um apartamento de vergonhosos 300 metros quadrados. Os salários dos deputados dos Estados Unidos e da Alemanha são vergonhosamente mais baixos do que os de nossos deputados. A lista é longa, mas nem por isso em nenhum desses países a vergonha foi corrigida enviando-se para a população o valor da conta.

Afirma-se em determinados meios que Lula foi e é demagogo e populista. Pode até ser verdade. Todavia, como vaticinou Max Weber há mais de 100 anos, não é possível que exista democracia sem que haja demagogia. O problema da democracia não é que exista um demagogo, é que não existam pelo menos dois demagogos, ambos em luta um contra o outro. O que controla um demagogo é a existência do outro. O admirado Barack Obama propôs o congelamento dos salários dos servidores civis norte-americanos. Em um comunicado oficial do governo americano, foi dito que: "Esse congelamento não é para castigar os trabalhadores estatais, nem uma falta de respeito com o trabalho que fazem. É a primeira de muitas medidas que tomaremos relacionada ao próximo orçamento, para dar ao país uma base fiscal sólida, que vai exigir sacrifícios de todos nós." Para muitos, isso é demagogia.

Quem dera Lula tivesse sido demagogo para solicitar aos nossos funcionários públicos (eleitos e não eleitos) que fizessem o sacrifício de não receber aumentos. Lula poderia afirmar que, se isso acontecesse, o povo pobre, que mais paga imposto, é que sairia ganhando. Demagogia pura, porém, muito educativa. Insisto que durante oito anos o presidente não se importou em educar a população para a conexão entre impostos e bom uso do dinheiro público. Ao menos, Lula não fez isso intencionalmente.

Nossa elite política vem educando a população, de maneira completamente não intencional, para o mau uso de nosso dinheiro. Há uma crença muito disseminada na população brasileira de que mais ou menos imposto não significa nem melhora nem piora dos serviços públicos. A população pensa assim: a CPMF foi instituída, e a saúde pública não melhorou; a CPMF caiu, e a saúde pública não piorou, continuou ruim como sempre foi. Conclui-se, obviamente, que cobrar mais ou menos imposto não muda em nada os serviços públicos.

Lula poderia ter educado a nossa população nessa direção, poderia ter passado oito anos dizendo que o dinheiro público, que é dinheiro também do povo pobre do Brasil, deve ser utilizado de maneira eficiente. Mas não fez isso. O Brasil assiste recorrentemente ao espetáculo do aumento de salários de ministros, deputados, presidente e outros cargos públicos ao mesmo tempo em que não consegue diminuir a sua carga tributária. Enganam-se os que acham que não há conexão entre aumento salarial de deputados e defesa da volta da CPMF. São duas faces da mesma moeda. Agradeço a Lula por ter mantido o Brasil na direção certa durante os últimos oito anos, mas agradeço também, no final do segundo mandato de Lula, aos 35 deputados federais (não importa se demagogicamente ou não) que votaram contra o aumento de salário para si próprios. Esses deputados deram um grande exemplo para o Brasil.

## Lista dos que votaram contra o aumento para si próprios:

Henrique Afonso – PV
Luiz Bassuma – PV
Augusto Carvalho – PPS
Magela – PT
Capitão Assumção – PSB
Lelo Coimbra – PMDB
Sueli Vidigal – PDT
Vander Loubet – PT
Luiz Couto – PT
Major Fábio – DEM
Alfredo Kaefer – PSDB
Assis do Couto – PT
Gustavo Fruet – PSDB
Marcelo Almeida – PMDB
Reinhold Stephanes – PMDB
Takayama – PSC
Raul Jungmann – PPS
Chico Alencar – PSOL
Cida Diogo – PT
Fernando Gabeira – PV
Luciana Genro – PSOL
Paulo Pimenta – PT
Eduardo Valverde – PT
Ernandes Amorim – PTB
Mauro Nazif – PSB
Décio Lima – PT
Dr. Talmir – PV
Emanuel Fernandes – PSDB
Fernando Chiarelli – PDT
Ivan Valente – PSOL
José C. Stangarlini – PSDB
Luiza Erundina – PSB
Paes de Lira – PTC
Regis de Oliveira – PSC
Iran Barbosa – PT

Fonte: Câmara dos Deputados

# A longa permanência no poder

A primeira frase do romance *Ana Karenina*, de Tolstói, é célebre: "Todas as famílias felizes são iguais. Todas as famílias infelizes são diferentes, cada uma é infeliz à sua própria maneira." Jared Diamond, no Capítulo 9 de seu livro vencedor do prêmio Pulitzer, *Armas, germes e aço*, utilizou o "princípio Ana Karenina": todos os animais domesticáveis são iguais, os animais não domesticáveis são todos diferentes, cada um não domesticável à sua própria maneira. Os exemplos podem ser multiplicados: todas as pessoas saudáveis são iguais, porém, as pessoas doentes são todas diferentes, cada uma com sua própria doença. Para se ter saúde, não pode haver nenhum tipo de doença, e as doenças são muitas e variáveis. Para que um animal seja domesticável, é preciso que várias características estejam presentes ao mesmo tempo (um determinado tipo de dieta, uma determinada taxa de crescimento, a predisposição de cruzar em cativeiro etc.); basta que uma delas esteja faltando, e não será possível domesticar aquela espécie. A zebra não é domesticável. Por isso, o povo da África nunca teve um animal equivalente ao cavalo.

De alguma maneira, o "princípio Ana Karenina" sugere que o sucesso é raro. O sucesso é sinônimo de saúde. O sucesso é sinônimo de se ter um animal domesticável. Ele é raro porque é mais difícil evitar todas as doenças ao mesmo tempo do que ter somente uma doença de cada vez. Segundo a lei das probabilidades, é mais difícil uma espécie animal reunir cinco características ao mesmo tempo do que faltar a ela somente uma dessas cinco. Porém, a maioria das pessoas não é composta de doentes crônicos. A saúde é preponderante. De fato, não fossem milhões de anos de seleção natural darwiniana, a saúde não seria preponderante ante a doença.

O "princípio Ana Karenina" também se aplica ao mundo da democracia: toda alternância no poder é igual, porém a permanência por longos períodos é sempre diferente, cada um permanece por um longo tempo no poder à sua própria maneira. A alternância no poder é simples e direta. Há uma eleição, quem está no poder perde, e a oposição ganha. O governo seguinte, consequentemente, será exercido pela força política que no mandato anterior estava fora do poder. Quem era governo se torna oposição, e quem era oposição se torna governo. É sempre igual, tal como as famílias felizes. Tal como a saúde, a alternância do poder, que é a saúde da democracia, demorou muito tempo para ser conquistada. No mundo fisiológico, foram necessários milhões de anos de evolução para a depuração dos organismos vivos. No mundo da democracia, foi necessário o estabelecimento de inúmeras condições sociais e econômicas para que os partidos se alternassem no poder.

Se toda alternância é igual, o mesmo não pode ser dito acerca da longa permanência no poder. Primeiro, vamos listar alguns casos: 1) o predomínio do PSDB em São Paulo, com duas vezes Mário Covas, uma vez Geraldo Alkmin, uma vez José Serra e a volta de Alckmin; 2) o predomínio de César Maia no Rio de Janeiro, com uma vez César Maia, uma vez Luiz Paulo Conde, e duas vezes César Maia; 3) o predomínio da dupla PT/PSB por 16 anos em Belo Horizonte; 4) Paulo Hartung eleito prefeito de Vitória em 1992; não podendo ser reeleito, indicou Luiz Paulo Vellozo Lucas, que ficou oito anos na prefeitura; 5) o Chile governado durante quatro mandatos por políticos da Concertación, políticos da dupla de partidos PDC/PS: Patricio Aylwin, Eduardo Frei, Ricardo Lagos e Michelle Bachelet; 6) eis "Ana Karenina": na Argentina recém-democratizada, somente os peronistas completam o mandato; Alfonsín e De La Rua, da União Cívica Radical, deixaram a presidência antes do encerramento de seu período legal de exercício de mandato. Por alguma razão, somente os peronistas têm condição política de governar a Argentina, talvez eles estejam para a Argentina assim como a Família Sarney está para o Maranhão.

Os casos de longa permanência no poder são muitos: 7) 70 anos de PRI no México; 8) Margaret Thatcher foi eleita primeira-ministra três vezes, em 1979, 1983 e 1987, e John Major, do mesmo Partido Conservador, foi eleito em 1992, ou seja, o Partido Conservador britânico venceu quatro eleições consecutivas; 9) os mesmos conservadores, agora nos Estados

Unidos, elegeram duas vezes Reagan e uma vez Bush pai, três mandatos de predomínio; 10) eis "Ana Karenina" novamente: duas vezes Clinton e uma vez Al Gore, que ganhou e não levou (tecnicamente, quando se trata de longo predomínio, a eleição de Al Gore foi vencida por Al Gore, e não pelo texano Bush filho; 'seria, ou melhor, é mais um caso de longo período no poder); 11) Franklin Delano Roosevelt (FDR) foi eleito presidente quatro vezes; faleceu logo no início de seu quarto mandato, quando assumiu o vice, Harry Truman, que concluiu o quarto mandato de FDR e foi eleito presidente em seguida; portanto, cinco mandatos consecutivos de presidentes democratas; 12) a Alemanha foi governada por Helmut Kohl por 16 anos; 13) desde 1932, o Partido Social Democrata Sueco, no nome da sigla o PSDB de lá, perdeu apenas quatro eleições, em 1976, 1979, 1991 e 2006; 14) acabamos de ver o fim de 54 anos de governos do Partido Liberal Democrata no Japão; 15) nosso vizinho Uruguai, desde sua nova constituição de 1967, teve 12 presidentes. Destes, oito foram do Partido Colorado, dois do Partido Nacional, um sob o regime militar, e agora está em exercício um presidente da Frente Ampla; em suma, no Uruguai, o Partido Colorado dá uma surra em termos de longa permanência no poder.

Agora, o último exemplo. Afinal, são muitos os casos de longa permanência no poder, muitos e mais frequentes do que a maioria das pessoas imagina. O décimo sexto exemplo vem dos Estados Unidos. Entre 1869 e 1933, último ano antes da primeira eleição de FDR, passaram-se 64 anos. Nesse período, o Partido Republicano ficou no poder 75% do tempo, o que equivale a

48 anos. Coube ao Partido Democrata governar os Estados Unidos por míseros 16 anos: dois presidentes de um só mandato e um presidente de dois mandatos. Para aqueles que acham que a longa permanência no poder é rara, esses 16 exemplos são uma pequena amostra; existem muitos outros, demonstrando que o "princípio Ana Karenina" vale também para a democracia.

Agora, a pergunta crucial: o que faz com que uma força política seja tão predominante em relação às demais? O que há de sistemático em casos tão díspares, tão diferentes, cujo único aspecto comum é o longo predomínio no poder? Será que o mesmo motivo que causa o predomínio tucano em São Paulo explica também a Concertación no Chile, os peronistas na Argentina e os Republicanos norte-americanos antes de FDR? Creio que sim. O que há de comum em todos os casos é a inadequação do discurso da oposição para aquele contexto político e social. A oposição fica longos anos defendendo aquilo em que acredita, mas que não é necessariamente o que conquista o voto da maioria.

Em São Paulo, o discurso malufista está muito distante da sobriedade tucana que se adapta a um estado tão pequeno-burguês quanto igualmente sóbrio. Essa é uma característica que falta tanto ao malufismo quanto ao petismo e ao quercismo. Eis a fonte do predomínio tucano na terra dos bandeirantes. Tanto isso é verdade, que o PT ventilou a possibilidade de lançar Antônio Palocci candidato ao governo de São Paulo. Palocci é certamente o mais tucano-petista que existe. César Maia é o Carlos Lacerda do final do século XX. Benedita da Silva não teve condições de derrotá-lo com o voto da classe baixa, mas

Eduardo Paes sim. Paes está mais para César Maia, obviamente, do que Benedita. Para vencer foi preciso se adaptar ao contexto social e econômico daquele período.

Na Suécia, o discurso de direita não cola. Colaria se a direita abdicasse um pouco de ser direita e se aproximasse, em termos de imagem, do Partido Social Democrata Sueco. É muito avassalador o predomínio desse partido, somente quatro derrotas eleitorais desde 1932! Da mesma maneira, no Chile pós-Pinochet o discurso de direita não cola. Diga-se de passagem, lá os socialistas da Concertación são mais direitistas do que os nossos socialistas. Eles se adaptaram à sua realidade e venceram, mais do que isso, tornaram-se dominantes, predominantes.

A "Ana Karenina" da democracia está ensaiando estabelecer-se também no Brasil: duas vezes Lula e uma vez Dilma significam 12 anos de PT no poder. A maioria dos brasileiros é pobre e se considera pobre. Lula veio da pobreza, fala para os pobres e defende os pobres. Lula fala dos pobres quando fala do pré-sal, fala dos pobres quando fala da saída do Brasil da recessão, fala dos pobres, obviamente, quando fala do bolsa-família. A oposição precisa se adaptar a essa realidade. Ou bem ela disputa contra o PT no terreno do PT, ou bem ela precisará que a maioria do país deixe de ser pobre e se torne classe média, um processo que sabemos estar ocorrendo, mas que é muito demorado e longo, para que o discurso de gestão e capacidade administrativa seja aceito pela maioria.

# Lula e a sorte

Lula não é um gênio da comunicação. Lula não é um fenômeno. Lula não é um supercarismático. Lula não é tudo aquilo que todos dizem e que acreditam ser. Lula é uma pessoa normal. Lula é um filho do Brasil, de família pobre do interior do Nordeste. Sua família, como milhares de outras, deixou Pernambuco para ganhar a vida em São Paulo. As pessoas vão para onde vão os empregos e as oportunidades. Foi assim com os migrantes que deixaram a Europa para ir para os Estados Unidos e vir para o Brasil. É assim com os mexicanos que trocam seu país pela América do Norte. Nesse sentido, a história da família de Lula é tão comum quanto a história de milhares e milhões de famílias espalhadas pelo Brasil e pelo mundo.

Filhos de pais pouco escolarizados tendem a ter escolaridade mais baixa do que filhos de pais muito escolarizados. Essa é uma regra estatística, e Lula é um dos exemplos individuais dessa regra. Ele não passou da quarta série do primário. Nada de surpreendente nisso. O Brasil nunca fez um esforço educacional do tamanho da Coreia do Sul, um esforço grande o suficiente para fazer com que todos os filhos de pais analfabetos ou pouco escolarizados pudessem vir a cursar o grau superior. Aliás, se Lula tivesse feito o grau superior, provavelmente não teria entrado na política, não teria sido sindicalista. Consequentemente, muito dificilmente teria se tornado presidente eleito e reeleito nem teria feito a sucessora.

Sorte do Lula, relendo hoje a história do final para o início, da presidência para o sindicalismo do ABC, sorte do Lula que não se escolarizou. Sorte dele também que isso lhe tenha permitido se tornar torneiro mecânico. Sem essa inserção profissional, ele não teria conhecido o sindicato dos metalúrgicos. Veio o envolvimento sindical, mais sorte. Quem conhece a história de qualquer liderança sindical sabe que há inúmeros fatores que atraem alguém para a vida do sindicalismo. Esses fatores cruzaram a vida de Lula. Veio então a chance de se projetar nacionalmente.

Não foi qualquer chance. A família de Lula, depois de sair de Garanhuns, foi parar no lugar certo na hora certa: o estado de São Paulo rico e industrializado, durante a ditadura militar, que, como qualquer ditadura, acaba caindo, na região do ABC, que era a área do estado que mais concentrava trabalhadores manuais especializados e semiespecializados. Basta pensarmos: que fim tiveram os filhos de nordestinos que, como Lula, foram para São Paulo, mas se fixaram e se tornaram sindicalistas, em Santos, São José dos Campos, Ribeirão Preto, Campinas ou Sorocaba? As condições do ABC estavam dadas: a maior concentração de metalúrgicos do Brasil. Ser sindicalista ali era mais relevante do que ser sindicalista em qualquer outro lugar de São Paulo. Aliás, ser sindicalista em São Paulo era mais importante do que ser sindicalista em qualquer outro estado do Brasil. Nada disso foi escolha de Lula. Eram coisas já predeterminadas por sua família e pela época em que ele nasceu.

A propósito, nada mais apropriado do que a época em que os líderes sindicais assumiram a liderança dos metalúrgicos. A ditadura militar começava a dar sinais de cansaço. Os líderes políticos alijados da aliança militar, dentre os quais se destacava Ulisses Guimarães, precisavam de algum apoio social para ajudar a balançar os pilares fraquejados do regime. Esse apoio social não seria de turbas desorganizadas, mas de algum tipo de movimento organizado. Eis que cai como uma luva a militância operária do ABC. Eis que surge uma aliança inusitada: líderes políticos tradicionais de São Paulo, que nunca concordaram com a ditadura, que sempre se opuseram a ela, e um movimento novo resultado da concentração industrial na região metropolitana de São Paulo.

Essa aliança inusitada fez com que Lula entrasse na política. Ele começa a ter visibilidade nacional e, com o apoio de uma determinada facção de professores universitários e classe média urbana, funda um partido político. Torna-se o principal líder e símbolo desse partido. Impossível ser diferente. Era o filho do Brasil, viera da pobreza nordestina, era operário, tinha perdido um dedo em um acidente de trabalho, aliás, um destino comum a milhares de trabalhadores brasileiros, era líder sindical, levava uma vida de classe baixa, ou seja, Lula tinha em sua história de vida tudo que o tornava o principal símbolo de um partido de esquerda. Ele não precisa de escolarização para ser esse símbolo. Ele não tinha, não tem e nunca terá competidores à sua altura dentro do PT. Ele é o principal líder simplesmente porque tem a história de vida que tem. E, sobre isso, ele teve pouco controle. Eis a querida sorte.

A sorte só vem para quem insiste. Quem quiser ganhar na megassena terá que insistir. É outra maneira de dizer que as chances de ganhar são poucas, mas só ganha quem faz a aposta. Quanto mais insistente um apostados for, mais ele terá chance de ganhar. Fazer muitos jogos, jogar toda semana, fazer jogos caros, nada mais são do que diferentes modalidades de insistência. E Lula insistiu. Em sua primeira eleição, disputou o governo de São Paulo com o lema obrista "peão vota em peão", foi eleito deputado federal em 1986, percorreu o país em caravanas da cidadania, procurou organizar o PT não apenas em São Paulo, mas em todo o Brasil, evitou fazer alianças, para que o partido tivesse uma cara própria, participou da fundação da Central Única dos Trabalhadores (CUT) e muito mais. Lula fez o que sabia fazer: insistir. A sorte só vem para quem insiste.

O emblema maior da insistência de Lula foram as três eleições que disputou antes que fosse eleito. Perdeu para Collor em 1989, perdeu para Fernando Henrique em 1994 e repetiu a derrota em 1998. Deu azar ao perder essas três eleições? Há quem argumente que não. Imaginemos que ele tivesse sido eleito em 1994. O PT era um partido radicalizado, José Dirceu, seu fiel escudeiro, não havia ainda domesticado (e expelido) as tendências mais radicais. O PT não tinha quadros nem experiência de governo. Nem mesmo em 2002, oito anos mais tarde, o PT tinha um nome próprio para ocupar a presidência do Banco

Central. Imaginem o que aconteceria com esse e outros postos com Lula eleito em 1994.

Mais do que isso, naquele ano o Brasil carecia de amplas reformas estruturais. Reformas que, como todos nós viemos a descobrir mais tarde, eram liberalizantes. O Brasil precisava lidar com esqueletos, ajustar as contas públicas, gerar eficiência em setores da infraestrutura, como telefonia e energia elétrica, baixar e manter controlada a inflação, definir linhas mestras de programas sociais. Muita coisa precisava ser feita. Foram necessários pelo menos oito anos para todas essas realizações. Nesse mesmo período, ocorreram várias crises internacionais que tiveram grande impacto negativo sobre o Brasil. Dificilmente a estrutura política do PT, sua ideologia e sua imaturidade em 1994 teriam dado conta de tais tarefas. Sorte do Lula que perdeu três eleições. Mais sorte ainda: quem ganhou fez várias reformas, de grande profundidade, que prepararam o Brasil para o crescimento.

Sorte de Lula que veio a crise do apagão. Naquele período, o Brasil retomava seu ciclo de crescimento. Os indicadores vinham se tornando mais e mais positivos, mês após mês. O apagão pôs tudo a perder. Vieram a recessão e o desemprego. Mas havia tempo para recuperação antes da eleição de 2002. Sorte de Lula que naquela época ele representava um grande fantasma para o mercado financeiro. Em 2002, o risco Lula teve um formidável impacto negativo em todos os indicadores do mercado. Em 2001 o apagão jogou Lula para cima; em 2002, o risco Lula e seu impacto econômico mantiveram Lula lá em cima. E ele venceu.

A sorte só vem para quem insiste. A sorte só vem para quem toma decisões corretas. O problema é que só vivemos o presente. Não sabemos que decisões se tornarão as corretas no futuro, e que decisões serão as erradas. Hoje podemos dizer que Lula tomou a decisão correta de manter a política econômica de seu antecessor. Eis seu grande mérito: fazer na economia tudo que já vinha sendo feito no governo Fernando Henrique. O governo que o antecedeu preparou o terreno e plantou, Lula apenas continuou plantando. Até que veio a chuva, até que veio um cenário internacional amplamente favorável, de grande liquidez. Resultado: o Brasil entra em um longo e vigoroso ciclo de crescimento econômico.

Quando isso acontece, Lula se torna um gênio, Lula se torna um fenômeno. Lula é considerado por muitos um grande, se não o maior, fenômeno de comunicação que o Brasil jamais conheceu. Praticamente qualquer um de nós seria um fenômeno de comunicação em uma situação tão favorável quanto a que premiou Lula. Muitos dizem que Lula falava e fala a língua do povo, que Lula falava e fala o que o povo quer ouvir. Ao menos dois episódios do ano que antecedeu a eleição de 2010 revelam que isso nunca foi tão verdade assim.

Durante o escândalo que assolou o Senado em 2009, Lula afirmou que Sarney era uma pessoa especial e que, como tal, merecia um tratamento especial. As pesquisas da época mostraram que praticamente 80% discordavam da afirmação do presidente. Em um episódio não menos importante, mas muito menos divulgado, Lula afirmou que era preciso aumentar impostos em função dos programas sociais como o bolsa-família. Mais um engano do presidente. O bolsa-família é um excelente programa social (diga-se de passagem, um programa de DNA liberal), mas a população prefere mesmo é ter mais dinheiro no bolso. Praticamente 70% de nossa população adulta prefere menos impostos e mais dinheiro no bolso a mais impostos e mais programas sociais.

Talvez tenha sido essa mais uma sorte de Lula: como a maioria dos analistas sempre o considerou um fenômeno de marketing e de comunicação, essa mesma maioria acreditava que tudo que ele falava tinha apoio popular. Achava que tudo que ele falava estava baseado em seu genial feeling e nas mais bem-feitas pesquisas. Ao pensar assim, essa maioria não se dava conta de que esse homem de muita sorte sempre tivera muitos pontos vulneráveis e que a conjuntura econômica favorável sempre o ajudara a mascará-los.

## Lula, em defesa de Sarney, disse: "Sarney tem história no Brasil suficiente para que não seja tratado como se fosse uma pessoa comum."

| Como o presidente do Senado deve ser tratado (%): | | | Se você fosse um ex-presidente da República e atual presidente do Senado Federal, como deveria ser tratado (%): |
|---|---|---|---|
| Concordo que ele deve ser tratado de forma especial | 14 | 16 | Acho que eu deveria ser tratado de forma especial |
| Ele deve ser tratado como qualquer outro cidadão | 78 | 77 | Eu deveria ser tratado como qualquer outro cidadão |
| Não sabe/Não respondeu | 8 | 7 | Não sabe/Não respondeu |

Fonte: pesquisa do Instituto Análise contratada pelo Instituto Millenium, 1.000 entrevistas, julho de 2009.

## O que seria melhor para a população pobre

| Versão A (%) | | | Versão B (com estímulo: estimulando a desvantagem) (%) |
|---|---|---|---|
| O melhor para a população pobre é que o governo reduza os impostos e tenha menos funcionários públicos; com isso, os preços dos produtos diminuem | 67 | 65 | O melhor para a população pobre é que o governo reduza os impostos e tenha menos funcionários públicos; com isso, os preços dos produtos diminuem, mas a desvantagem é que haveria menos programas sociais como o bolsa-família |
| Versão A (%) | | | Versão B (com estímulo: estimulando a desvantagem) (%) |
| O melhor para a população pobre é que haja mais impostos e que com o dinheiro dos impostos o governo faça mais programas sociais | 28 | 27 | O melhor para a população pobre é que haja mais impostos e que com o dinheiro dos impostos o governo faça mais programas sociais, mas a desvantagem é que os produtos como alimentos e roupas ficariam mais caros |
| Não sabe/Não respondeu | 6 | 8 | Não sabe/Não respondeu |

Fonte: Instituto Análise, pesquisa nacional, 1.000 entrevistas, julho de 2009.

# Os impostos e nossos políticos

Qual foi a solução proposta em 2009 pelo governador do Rio de Janeiro para resolver o impasse acerca da distribuição de royalties do pré-sal? Adivinhem qual a proposta? Há uma só chance. Ela é muito simples: aumentar impostos. Espanta a facilidade com que nossos políticos defendem o aumento de impostos. É a solução simples e fácil: retirar recursos da sociedade e colocar em suas próprias mãos. Por que não há uma força política de destaque que defenda a redução de impostos? Os economistas sabem que o país não suporta mais aumento de impostos. Os empresários, em função de razões práticas, sabem a mesma coisa que os economistas. O povo pobre também.

Quando se fala de tributação real, e não somente a nominal, nada menos do que 56% do preço da manteiga é imposto. No caso do açúcar, quase 44% de seu preço é imposto. O óleo de cozinha, necessário para que sejam feitos quase todos os alimentos, é tributado em 35%. Quando tomamos o nosso querido cafezinho, pagamos um quarto de seu preço para o governo. Para que o brasileiro compre uma dúzia de bananas, é preciso que ele pague por 15. Dito de outra forma, paga-se uma dúzia e recebem-se oito bananas. Pobre povo brasileiro, até na banana ele paga impostos, e elevados.

Em todas as eleições presidenciais, o tema que dá a vitória é o consumo popular. Esse consumo foi sinônimo de Plano Real em 1994. Com a abrupta redução da inflação, Fernando Henrique Cardoso se tornou o mais popular político junto aos pobres. Com o voto dos pobres, ele corroeu os votos de Lula e foi eleito presidente no primeiro turno. O efeito do Plano Real esteve presente em 1998. Mais uma vez, ele foi o tema da campanha eleitoral, desta feita acompanhado dos grandes símbolos do consumo popular do quadriênio: frango, iogurte, queijo, dentadura e muitas outras coisas que as pessoas de classe média já compravam há várias gerações, mas que os pobres só puderam comprar depois de controlado o dragão inflacionário.

Em 2002, o consumo dos pobres teve uma denominação bastante diferente: levou o nome de desemprego. Os oito anos de Fernando Henrique significaram uma grande melhora na vida da população pobre. Foram duas as grandes quedas de seu bem-estar: em 1999, quando da desvalorização do câmbio, e em 2001, em função do apagão. O desemprego, como sempre, foi resultado de uma forte desaceleração no crescimento econômico. O primeiro semestre de 2001 era distante o suficiente da eleição de 2002 para que houvesse uma recuperação econômica que retirasse da agenda o tema do desemprego. Não ocorreu.

Não é possível controlar tudo. O risco Lula acabou de fazer o estrago. O medo dos investidores resultou em uma nova desvalorização cambial justo na reta final das eleições. O bem-estar dos pobres despencou, e Lula venceu.

Lula era a pessoa certa na hora certa. Era o pobre defendendo o pobre. O ex-sindicalista defendendo o emprego. O fundador do PT defendendo o social. Ele fizera a mesma coisa em 1994 e em 1998. Não funcionou. Simplesmente porque esse terreno já estava ocupado. Fernando Henrique era, nas duas eleições, aquele que mais defendia o interesse dos pobres. O próprio Fernando Henrique reconhecera isso. O então presidente declarara em 1997: "Antigamente falavam, ah, o frango foi o herói do Real, depois foi o iogurte, agora eu acho que é a dentadura. Vai ver os pobres botando dente. Isso não é para rir, isso é verdade, isso é um avanço imenso, a pessoa poder cuidar de si." Essa frase é muito emblemática: é Fernando Henrique reconhecendo que o apoio eleitoral é dado para aquele que defende o aumento do consumo dos pobres. E o Brasil é feito mais de pobres do que de não pobres.

Aí veio 2006. A liquidez internacional permitiu que a bonança econômica atingisse todos os países, inclusive o Brasil. Houve também a ampliação do bolsa-família. O bolsa-família, como a redução da inflação e o aumento do desemprego, tem um formidável impacto no consumo das famílias. Quem menospreza ou ignora o bolsa-família deve passar a considerar dois elementos centrais da vida da população pobre. O primeiro é que não adianta trabalhar muito. Isso não muda a vida dos pobres. Simplesmente porque não há a perspectiva de que se tenha uma carreira profissional. Os rendimentos dos pobres se alteram pouco trabalhando-se muito ou pouco. Não há ética do trabalho porque, para a maioria, o trabalho não compensa. Não há ética do trabalho porque não há ambição, e não há ambição porque são poucas, ou nenhuma, as perspectivas de melhora. Isso não se aplica àqueles que completaram o curso universitário e que residem em cidades dinâmicas como São Paulo ou Rio de Janeiro.

O segundo elemento fundamental da vida dos pobres é a irregularidade dos rendimentos. Há trabalhos sazonais, há muito emprego informal, há inúmeras vicissitudes que atingem justamente aqueles que, no mercado de trabalho, têm o menor poder de barganha. Quem não tem renda regular não pode se endividar. Há o medo de perda, não do emprego (porque ele não existe), mas do rendimento. Pelo sim, pelo não, é melhor não se endividar.

O bolsa-família resolve esses dois problemas ao mesmo tempo. A vida melhora mesmo que não se aumente a carga de trabalho. Porém, mais importante do que tudo, como o bolsa-família é uma renda de longo prazo, representa uma espécie de renda permanente pelos próximos 5, 10 ou 15 anos, seus beneficiários podem contrair dívidas nas Casas Bahia desta vida. O bolsa-família, diga-se alto e bom som, permite que a população melhore o seu supermercado e também compre bens duráveis. É comum encontramos no interior do Nordeste famílias que compraram sua primeira TV de 29 polegadas graças ao bolsa-família. Sabemos disso hoje, mas o efeito sobre o consumo já existia em 2006. Foi em 2006 que o bolsa-família se tornou o principal tema da campanha eleitoral.

Recapitulando, o consumo popular foi sinônimo de queda da inflação nas duas eleições de Fernando Henrique. Depois, esse mesmo consumo se tornou sinônimo de desemprego. Mais recentemente, em 2006, o consumo dos pobres se tornou sinônimo de bolsa-família. Em 2010, o tema da campanha vencedora foi a ascensão dos pobres à classe média. Não foi, obviamente, nem a queda da inflação, um benefício já incorporado e defendido pela população, nem o bolsa-família, um tema esgotado no nosso debate público. Que esse programa social deva ser mantido e, eventualmente, ampliado, não há dúvida. Porém, isso não significará um passo à frente na vida dos pobres.

O passo à frente na vida dos pobres, não debatido em nenhuma eleição presidencial até agora, é a redução dos impostos que incidem sobre o seu consumo. Por que impostos e não juros? Porque são os pobres quem dizem, ou melhor, é toda a população adulta brasileira. Quando se pergunta o que é melhor para combater o desemprego, se a redução dos impostos ou a redução dos juros, aproximadamente 70% ficam com os impostos, e 30% com os juros. Dito com clareza: a redução dos impostos é bem mais popular do que a redução dos juros. O motivo disso é simples. A população não paga juros quando compra alimentos, mas paga impostos embutidos nos preços.

Os pobres sabem que pagam impostos quando compram alimentos. Sim, sabem. Proponho a todos aqueles que conduzem pesquisas qualitativas, discussões em grupo, em qualquer lugar do Brasil, que façam as seguintes perguntas em grupos focais feitos com pessoas da classe C para baixo: de onde vêm os recursos do governo? Você paga impostos? Quando você paga impostos? Os produtos que você compra têm impostos? Quais produtos? Se os impostos fossem reduzidos, você compraria mais destes produtos? Vejam que resultado sairá de tais perguntas. O resultado ficará de acordo com uma pesquisa nacional quantitativa que o Instituto Análise conduziu em todo o Brasil em abril de 2009, publicada no livro *O dedo na ferida: menos imposto, mais consumo*.

Nada menos do que 85% de todos os brasileiros dizem que pagam impostos quando compram alimentos. A mesma pergunta foi feita para outros nove itens. A média dos dez ficou na casa de 84%. Ou seja, 84% dos brasileiros reconhecem que pagam impostos quando compram não somente alimentos, mas também roupas, artigos de higiene, combustível, produtos de saúde, itens habitacionais, serviços bancários, serviços pessoais, serviços de telefonia e energia elétrica. Quando perguntados se aumentariam o consumo desses mesmos itens caso o imposto fosse diminuído, 81% disseram que aumentariam o consumo de alimentos. É a proporção mais elevada em todos os 10 itens. Aliás, a média para elas é de 57%. Isso diz muito: as pessoas querem comprar mais comida, e não apenas arroz, feijão, macarrão, fubá e farinha.

O nome do consumo popular é imposto. Nenhuma força política, até agora, assumiu essa bandeira. Não faltam petistas que consideram o modelo econômico da Europa superior ao norte-americano. O próprio Lula afirmou que o imposto na Europa é elevado porque o estado de bem-estar social também é elevado. Lula se esqueceu de dizer, ou não sabe, que a Europa perdeu a liderança da economia mundial para os Estados Unidos. Que seus países, tomados individualmente, foram ultrapassados pelo Japão, e que em breve a Ásia como um todo, e a China em particular, também ultrapassarão a Europa na renda per capita. Pode ser que não se deva exclusivamente à carga tributária europeia, mas certamente é um aspecto relevante da falta de dinamismo do velho continente. Dizem as más línguas que o europeu nasce aposentado. Lá todos vivem sob a égide de um grande bolsa-família.

Alguns poderão achar que a bandeira da redução de impostos já foi assumida no Brasil pelo Democratas. Com a palavra, Fernando Henrique, na página 209 do livro *O Presidente segundo o sociólogo*,[1] na entrevista a Roberto Pompeu de Toledo: "O PFL (DEM) é um partido que nasceu do Estado. Até posso me complicar politicamente com o que estou dizendo, mas muita gente no PFL (DEM) não tem nada a ver com liberalismo. Porque nasceu no Estado, ou muito próximo do Estado." O figurino da redução de impostos não se encaixa no partido descrito por Fernando Henrique.

Muito menos creio que o PT assumirá a bandeira da redução de impostos. Caberá, no futuro, ao PSDB este papel.

[1] Fernando H. Cardoso, *O presidente segundo o sociólogo*. Entrevista de Fernando Henrique Cardoso a Roberto Pompeu de Toledo. São Paulo: Cia das Letras, 1998.

# O bolsa-família na ótica de quem o recebe

Eu afirmaria com alto grau de precisão que leitores regulares de livros não são beneficiários do bolsa-família. Quem compra e lê livros regularmente, no Brasil, são pessoas de grau superior completo, os assim chamados formadores de opinião, pessoas de renda elevada que fazem parte, em maior ou menor grau, do debate político e econômico brasileiro. Trata-se de um perfil social muito distante do perfil médio de quem recebe o benefício social do governo federal.

Proponho que nós, leitores de livros, pensemos no bolsa-família sob a ótica de quem o recebe. A pessoa que recebe esse benefício social reside, na grande maioria dos casos, em regiões com pouco ou nenhum dinamismo econômico. Esqueçamos por ora a prosperidade da cidade de São Paulo com a sua Mesopotâmia, as residências, escritórios e restaurantes que ficam entre os rios Pinheiros e Tietê. O ponto de vista dessa cidade, e dessa região específica de São Paulo, não serve para entender o significado do bolsa-família para quem o recebe. Alguns críticos de São Paulo, muitas vezes cariocas, dizem que se trata de uma cidade cheia de restaurantes cercados por escritórios por todos os lados. O interior pobre do Brasil, onde predomina o bolsa-família, caracteriza-se por um grande aglomerado de casebres cercados de informalidade por todos os lados. É uma grande ilha, ou continente ilhado, de miséria.

Resultado, quem reside em São Paulo, na Zona Sul do Rio de Janeiro, ou na Savassi de Belo Horizonte, aprende desde criança que, se tiver uma boa educação e trabalhar muito, melhorará de vida. Isso aconteceu provavelmente com todos que leram e vão ler este livro. Isso aconteceu e acontece comigo. Quanto mais eu trabalho, mais chances tenho de conseguir mais clientes, de vender mais e, consequentemente, de melhorar de vida. O ambiente de São Paulo favorece sobremaneira esta trajetória. Há empresas, negócios, dinamismo. Individualmente, há carreira, há profissão. Todos que se formam nas faculdades cariocas e paulistas saem pensando em como construir uma carreira profissional. Isso é possível no chamado Sul Maravilha.

É possível também no interior do Nordeste? Não, não é. Quem mora no interior de qualquer estado nordestino e que também tem escolaridade baixa, que é pai de família, não tem carreira profissional. Não tem, nunca teve, nem nunca terá. Para esse chefe de família, o trabalho não compensa. Trabalhar mais não o levará necessariamente a melhorar de vida. Vamos nos colocar no lugar dessa pessoa: um homem, de uns 38 anos de idade, que não completou o segundo grau, casado e pai de dois ou três filhos, morador de uma cidade vizinha a Petrolina, no interior de Pernambuco. Esse indivíduo não tem poder de barganha no mercado de trabalho. Nessa região, como ele, existem milhares. Assim, o empregador muito provavelmente não lhe dará um trabalho de carteira assinada. Caso ele não se torne um migrante, vai trabalhar em algum roçado, vai construir ou manter a cerca de alguma propriedade, poderá tornar-se um vendedor de porta em porta de vassouras e rodos, e, se tiver muito sucesso na vida, eventualmente, poderá conseguir um emprego urbano como "auxiliar administrativo", esta profissão pouco definida e muito mal remunerada que qualquer brasileiro pouco ou nada qualificado poderá almejar atingir.

Essa criatura imaginária é muito real. Ela não concebe a melhoria de vida por meio do trabalho. Isso é fato, não uma simples percepção. Isso é real. É aqui que entra o bolsa-família. Esse benefício social, recebido mensal e regularmente por esse chefe de família, torna-se a única oportunidade de melhorar de vida no curto prazo. Quando se diz que alguém "realmente precisa do bolsa-família", está-se dizendo que sem o benefício social essa pessoa jamais melhoraria de vida. É verdade. O recebimento do benefício mudou a sua vida e a de seus familiares. Houve um imediato aumento na renda corrente, e, como se trata de um contrato de longo prazo, esta família passou a poder comprar coisas no crediário. Praticamente 50% dos que recebem o bolsa estão atualmente comprando alguma coisa a prestação. O mais interessante é que o programa atinge a aproximadamente 30% das famílias brasileiras e custa para o governo federal a quantia irrisória que corresponde a somente 0,4% de nosso PIB.

O Brasil passou longos anos sem cuidar de sua população, sem educá-la formalmente de maneira apropriada. Apenas durante o governo Fernando Henrique, ou seja, depois de 1994, conseguimos universalizar o acesso das crianças à educação básica. Ainda não conseguimos universalizar o acesso dos adolescentes ao ensino médio. Além disso, a evasão e a repetência são um fenômeno avassalador nos dois níveis de ensino. Não investimos há 30 ou 40 anos em educação, temos que gastar agora um pouquinho (0,4% do PIB, como mencionado) com política social para "compensar" o não investimento.

Há uma crítica de caráter moral ao bolsa-família: ele cria acomodação. Ledo engano. O beneficiário do bolsa já era acomodado. A ambição já veio morta, de berço. Em áreas sem dinamismo econômico, como afirmei, o trabalho não compensa, a ambição não existe. O bolsa não gera nem vai gerar ambição. Os pais não terão jamais uma boa oportunidade no mercado de trabalho, é uma geração perdida em termos profissionais. Se alguém tiver oportunidades de empregos melhores, serão seus filhos. Daí a necessidade da obrigatoriedade da matrícula escolar. O bolsa-família melhorou o bem-estar geral da família e criou um incentivo a mais, para muitas famílias o único, no sentido de manter as crianças na escola. Salva-se a geração dos mais jovens.

A crítica moral a essa política social não encontra apoio na grande maioria da população brasileira. Nada menos do que 77% da população brasileira concorda com a seguinte afirmação: "Muita gente que recebe o bolsa-família continua trabalhando, por isso ele tem que continuar." Essa proporção é menor entre as pessoas que têm o grau superior completo, e maior entre as pessoas de escolaridade mais baixa. Quem tem o grau superior completo, ao contrário das pessoas de escolarização baixa, está muito distante da situação financeira e social de quem recebe o bolsa-família. Assim, ele é mais intolerante face aos benefícios do programa social. A maioria de nossa população tem renda e escolaridade baixas. Por isso, o apoio social ao bolsa-família é muito grande.

Se apenas 30% da população recebe o benefício, nada menos do que 60% afirmam ser totalmente a favor do programa. Quando somamos esse número aos 23% que dizem ser a favor, obtemos 83% da população adulta brasileira apoiando o programa social criado no governo Fernando Henrique. Somente 16% se dizem contrários ao programa; destes, 5% são totalmente contra, e 11% um pouco contra. Quem é mais contra? Quem tem diploma de grau superior. Praticamente 25% dos que se formaram em uma faculdade são contra o bolsa. Essa proporção é de somente 12% para as pessoas do mais baixo nível de escolaridade formal, o primário completo.

Qual a consequência política dessa informação? Que o bolsa-família está para a área social assim como o controle da inflação está para a área econômica. A maioria esmagadora os quer, aceita, valoriza e considera ambos um ganho já estabelecido e com poucas chances de retrocesso. Lula escreveu e divulgou em 2002 a famosa "Carta aos Brasileiros", um eufemismo para uma verdadeira carta aos banqueiros e investidores internacionais. Nela, Lula prometeu e cumpriu manter os quatro elementos-chave da política econômica de FH: câmbio flutuante, superávit primário, metas de inflação e responsabilidade fiscal. Em 13 de agosto de 2002, Lula declarou na *Folha de São Paulo*: "eu me dei conta de que o PT que precisava construir era maior do que o PT de macacão que eu sonhava em construir." Tão maior que o PT trouxe de volta à política nacional pela porta da frente a família Sarney e seu clã político. Lula foi extremamente pragmático.

A oposição — PSDB, DEM e PPS — precisa cometer o "pecado" do pragmatismo para enfrentar o PT. Nesse caso, o pecado é quebrar o omelete de apoiar sem tergiversação o bolsa-família. Há várias maneiras de demonstrar que se é a favor de alguma coisa. Uma delas é simplesmente afirmar: sou a favor do bolsa-família, até porque, ele foi criado durante um governo do PSDB. Outra maneira é afirmar: vamos duplicar o valor do bolsa-família. Esse é um apoio contundente, um apoio que não dá espaço para desculpas evasivas de quem apoia os ataques infames do adversário. Aliás, dobrar o bolsa significa sair de 4,0 para 0,8% do PIB nesse gasto. Apenas um pouco mais do que os 0,6% que são colocados no LOAS, mais um programa de proteção social criado no período tucano. Se o programa é bom para quem o recebe, se foi criado (sob inspiração de Milton Friedman) por um governo do PSDB e se trará dividendos eleitorais importantes, em particular para quem se caracteriza por gestões eficientes, por que não assumir o compromisso de duplicá-lo? Há uma única razão para não fazê-lo: uma visão de mundo, uma ideologia que rechace o bolsa. Uma ideologia que, nesse caso, é oposta à ideologia do pragmatismo.

# O mito de que o segundo turno é uma nova eleição

O segundo turno é uma nova eleição? Não. Entre 1990 e 2006, ocorreram 69 segundos turnos nas eleições para os governos estaduais. Em 71% das vezes, o candidato que chegou na frente no primeiro turno acabou vencendo a eleição no segundo. Em 29% das eleições houve virada. Além disso, nas eleições com virada, a distância entre o primeiro e o segundo colocado no primeiro turno foi menor do que nas eleições sem virada. Nas 20 eleições nas quais o segundo colocado da primeira rodada ultrapassou e venceu na segunda rodada, a distância média em votos válidos foi de 7,15%. Nas eleições sem virada, a distância média foi de quase 10 p.p.

A mesma regularidade se verifica nas eleições municipais. Quando se consideram as eleições de prefeito que foram para o segundo turno em cidades que não são capitais, a manutenção do primeiro colocado é rigorosamente tão frequente quanto para as eleições de governador: 71%. Foram 63 segundos turnos de cidades grandes que não são capitais. Destes, em 45 eleições, quem chegou na frente em um turno chegou também no outro. Houve virada em apenas 18 eleições.

Nas eleições para prefeito de capital, a dificuldade de virar de um turno para outro é muito maior. Em três eleições, entre 1996 e 2004, nada menos do que 40 eleições para prefeitos de capitais foram para o segundo turno. Destas, em 88% dos casos, ou 35 eleições, não houve virada. Somente em cinco eleições — ou 12% do total — o vencedor do primeiro turno perdeu no segundo. Foram elas: Campo Grande, em 1996; Recife e Rio de Janeiro, em 2000; Fortaleza e Porto Alegre, em 2004. Nas três primeiras, Campo Grande, Recife e Rio, a distância final entre vencedor e derrotado foi mínima, menos de 1% dos votos válidos. Aqueles que viraram ficaram a uma distância média menor do primeiro colocado, no primeiro turno, do que aqueles que não viraram: 9,38% dos votos válidos contra 11,15%.

Há alguns fatos que chamam a atenção nesses dados:

1 – Não há duas eleições completamente diferentes, mas apenas uma eleição que é disputada em duas rodadas.

2 – Quando a eleição se dá em dois turnos, é preciso se empenhar muito para chegar na frente já no primeiro turno; isso aumenta sobremaneira as chances de vencer no segundo turno.

3 – Quanto maior a vantagem que o candidato que vence o primeiro turno abre sobre o segundo colocado, maiores as chances de que ele vença a eleição também no segundo turno.

Resumindo: se um candidato quiser ganhar a eleição, recomenda-se fortemente que chegue na frente no primeiro turno e que essa vantagem seja grande.

Esse resultado resume o que aconteceu em 172 eleições ocorridas no Brasil entre 1990 e 2006; trata-se, portanto, de um resultado que não deixa dúvidas quando analisado sob quaisquer pontos de vista, inclusive o estatístico.

Vale ainda lembrar que em todas (100%) as eleições presidenciais que foram ao segundo turno não houve virada. Foram elas a de Collor em 1989, as duas de Lula e a de Dilma. Quem vence no primeiro turno acaba sendo eleito no segundo.

Diante de evidências tão eloquentes, o que mais importa é compreender os seus motivos.

A primeira coisa que chama a atenção é a maior dificuldade de virar o resultado eleitoral nas cidades que são capitais, comparando-as com os estados e com as demais cidades grandes que não são capitais. O que provavelmente acontece é que o eleitor de capital é submetido a uma maior quantidade de informação. Isso faz com que ele decida mais rapidamente em quem votar. Isto é, ele não precisa de mais 20 dias de campanha, ou algo assim, para mudar de voto. Sabe-se que a escolaridade média nas capitais é mais elevada do que nos estados, mas isso não é verdade quando essas cidades são comparadas a cidades como Campinas ou São José dos Campos. Porém, há também muitas cidades grandes com perfil bastante diferente dessas duas; isso se verifica nas grandes cidades-dormitório de nossas regiões metropolitanas, com destaque para Rio e São Paulo.

Ainda assim, o argumento permanece válido. Nas capitais de estados há mais informação. Há maior circulação de jornais, mais interesses organizados etc. Isso intensifica o debate e permite que o eleitor ajuste de forma mais veloz o voto às preferências mais fortemente estabelecidas e que não variam muito no decorrer da campanha eleitoral, por exemplo, a avaliação do governo ou a lembrança (recall) dos candidatos. É nas capitais que os candidatos precisam se esforçar mais para saírem vencedores já no primeiro turno. Isso não significa que o eleitor de capitais de estados seja mais "cabeça feita" do que os demais eleitores, mas apenas que é mais exposto ao bombardeio de informação. Quando a eleição vai para o segundo turno, ele tem menos razão para mudar de voto ou abandonar aquele que ele considerava ser a sua segunda escolha, caso o seu candidato não passasse para a segunda rodada eleitoral.

São raros os casos de viradas sobre candidatos que vão para o segundo turno com rejeição muito elevada. Ou seja, a vitória de Mário Covas sobre Paulo Maluf em 1998 é um ponto fora da curva, quando se considera a lógica de uma virada eleitoral. O que faz com que ocorra uma virada, na maioria dos casos, é a maior quantidade de informação que chega ao eleitor quando somados o primeiro e o segundo turnos. Naquela eleição, o que permitiu a virada tucana foi a rejeição de Maluf. O ex-prefeito de São Paulo aumentou pouco sua fatia de votos entre um turno e outro, passou de 32,2% para 44,6% dos votos válidos. A margem de vitória de Mário Covas foi, portanto, mais folgada do que costumam ser as vitórias quando a eleição é vencida de virada.

Seja qual for a eleição, de presidente, de prefeito de capital ou de cidades que não são capitais, falar de segundo turno é o mesmo que falar de primeiro turno. O candidato que desejar minimizar os riscos de perder terá que fazer de tudo para ser o vitorioso já no primeiro turno, preferencialmente com uma margem folgada em relação ao segundo colocado. Assim, analisando-se as eleições passadas no Brasil, segue uma recomendação baseada nos fatos: concentre todos os seus investimentos, os melhores e mais vultosos, já no primeiro turno. Tal como acontece no futebol, virar o placar é algo difícil, bem mais improvável do que simplesmente manter-se na frente.

Por outro lado, abertas as urnas e contados os votos do primeiro turno, caso a sua candidatura fique em segundo lugar, prepare-se para viver fortes emoções caso você vire a disputa. Não será uma vitória folgada. No caso de prefeito de capital, das cinco eleições nas quais houve virada, em três delas a margem do vitorioso ficou abaixo de 1% dos votos válidos. Isso ocorre também nas cidades que não são capitais e nos governos estaduais. É preciso, portanto, ter sangue-frio para vencer de virada, sangue-frio e paciência para acompanhar a apuração dos votos.

# 2010 e o mito de que o segundo turno é uma nova eleição

Sou torcedor do Fluminense. Faltando 10 rodadas para o final do Campeonato Brasileiro de 2009, o meu time tinha 99% de chances de ser rebaixado. Ele escapou do rebaixamento da seguinte maneira: na última rodada, por um ponto, em um jogo em que empatou com o Coritiba (que acabou rebaixado). Se o Coritiba marcasse um gol, venceria, e o Flu seria rebaixado. Além disso, para sair dos 99% de chances de ser rebaixado, o Fluminense precisou ganhar praticamente todos os jogos que teve pela frente.

O fato de o Fluminense ter escapado do rebaixamento, mesmo tendo 99% de chances de que isso acontecesse, não significa que a probabilidade de 99% estivesse errada. O Fluminense se enquadrou no improvável 1% de chance. Qualquer indivíduo normal, não iluminado, sem brilhantismo, de posse da probabilidade de 99%, afirmaria que o Fluminense seria rebaixado. Quando se lança mão de procedimentos científicos (e, neste caso, da estatística), a previsão, aquela afirmativa que diz que uma determinada coisa vai acontecer, fica sempre do lado da maior probabilidade. Em 2009, 10 rodadas antes de o Brasileirão acabar, afirmar que o Flu seria rebaixado significava dizer que havia 99% de chances de rebaixamento.

Quando um candidato termina o primeiro turno na frente e com folga sobre o seu adversário mais próximo, afirmar que ele vencerá seu oponente é equivalente a afirmar que as chances de vencer são muito elevadas. A previsão não estaria errada se houvesse uma virada, e o segundo colocado na primeira rodada eleitoral acabasse vencendo na segunda.

Quando a eleição de 2010 foi para o segundo turno, muitos acharam que as chances de Serra vencer tinham aumentado. Tratava-se de um engano metodológico. O fato de a eleição ter ido para o segundo turno não alterou a elevada probabilidade inicial de vitória de Dilma. A probabilidade de que um acontecimento caminhe em uma determinada direção não deve ser confundida com a intensidade desse acontecimento. As chances de vitória de Dilma não se alteraram com a existência do segundo turno, ainda que essa vitória pudesse ter ocorrido por um placar apertado, de 51% contra 49% de votos válidos. Houve, na época, uma grande confusão entre a chance de o resultado acontecer e a intensidade do resultado. Para esclarecer isso, basta um exemplo simples. Muitas vezes, é fácil prever que o Banco Central vai aumentar os juros; o que muitas vezes se torna difícil fazer é prever qual o tamanho do aumento dos juros. A direção do acontecimento é previsível, sua intensidade nem tanto.

Em 2010, o balanço dos resultados do primeiro turno, por exemplo, indicava um amplo favoritismo para Dilma: o PT conquistara a maioria na Câmara dos Deputados; o PT conquistara o maior número de deputados estaduais em todo o Brasil; o PT fora o partido que mais aumentara o número de senadores; o PSDB mantivera dois governos que havia conquistado quatro anos antes: São Paulo e Minas Gerais. Trocara o Rio Grande do Sul pelo Paraná. O PT levara também já no primeiro turno os governos de Rio Grande do Sul, Bahia, Sergipe e Acre. Aumentava, assim, desde aquela primeira rodada de votos, a quantidade e importância dos governos estaduais sob o seu controle. Porém, governos estaduais não têm nada a ver com eleição nacional. Em função dos três primeiros itens citados, por maior que seja o viés de qualquer análise, é inegável que o PT tenha sido o grande vencedor do primeiro turno.

Adicionalmente, em termos de comparação a agenda propositiva de Serra tinha menos aspectos relevantes do que a de Dilma. Dilma simplesmente defendia a continuidade do que vinha dando certo. A campanha de Serra foi pior do que a campanha de Dilma em alguns aspectos relevantes: a quantidade de apoios regionais de Serra foi menor do que a de Dilma; Serra não tinha (obviamente e ainda que ele quisesse) o apoio de Lula, Dilma tinha; a avaliação do governo estava ao lado de Dilma e não de Serra; Serra não tinha um discurso de campanha coerente. Dilma tinha duas coisas: a continuidade de um governo bem avaliado e a ascensão dos pobres à classe média. Considerando-se outros elementos relevantes, em praticamente todos Dilma levava vantagem, com exceção do apoio da mídia.

Apesar disso tudo, Serra poderia vencer as eleições naquele segundo turno. Caso isso tivesse acontecido, teria sido a vitória do aleatório. Seria um dos maiores *cases* mundiais de resultado na direção contrária ao previsto por qualquer teoria de comportamento eleitoral. Ainda assim, repito, isso poderia ter ocorrido. Note-se que Serra não levava vantagem sobre Dilma nem no conteúdo nem na forma; ele só chegou ao segundo turno por conta da Marina e de uma campanha negativa: as denúncias contra Erenice Guerra e talvez a temática do aborto (não creio que a questão do aborto tenha influenciado muito, tratou-se de mais um mito, não houve e nem há provas concretas disso talvez tenha tirado de 0,5 a 1 p.p. de votos de Dilma). A questão é que racionalmente não era possível afirmar que Serra tinha mais chances do que Dilma ou ainda que as chances de Serra haviam aumentado. Quem ousou fazê-lo moveu-se mais pela torcida apaixonada do que pela análise fria.

A eleição de 2010 não foi para o segundo turno porque a campanha eleitoral de Dilma tenha cometido erros ou porque Serra tenha acertado no primeiro turno. A propósito, a julgar pelo início da propaganda de Dilma na TV no segundo turno, é possível que o seu comando de campanha tenha feito a avaliação equivocada de que eles erraram no primeiro turno e por isso precisavam mudar a estratégia. Não houve erro e, por isso, a estratégia correta para vencer no round final deveria ser a mesma utilizada no primeiro turno. O motivo disso é simples: a candidatura do governo, em função da enorme avaliação positiva de Lula, tinha mais credibilidade do que a oposição para prometer mais melhorias concretas para os brasileiros nos quatro anos seguintes. Se isso for feito na campanha de Dilma, ela mantém elevadas suas chances de vitória.

O primeiro mandato de Lula fez com que o PT conquistasse em definitivo o voto dos pobres, graças à ênfase no bolsa-família, e afastou, também em definitivo, segmentos importantes da classe média em função do mensalão. Os mapas eleitorais do primeiro turno em 2006 e em 2010 foram idênticos. A candidatura do PT venceu onde havia mais pessoas de baixa renda, e a candidatura do PSDB, onde havia menos pessoas de baixa renda. Essa divisão eleitoral do mapa do Brasil veio para ficar. Partidos social-democratas e de esquerda como o PT têm esse perfil de votação em qualquer lugar do mundo. Partidos de oposição ao partido de esquerda, o que é o caso do PSDB, também têm o mesmo perfil de votação.

A regularidade é tão grande que se expressa em resultados aparentemente surpreendentes. Dilma venceu praticamente em toda a Bahia e em todo o Piauí. Lula também teve desempenho idêntico em 2006. Também ambos foram derrotados pelo candidato do PSDB em Vitória da Conquista (BA) e em Urussuí (PI). Esse é mais um indicador da regularidade do voto no Brasil. É justamente essa regularidade que cria uma oportunidade única para o PSDB: tornar-se o grande partido conservador do país. Assumir-se como conservador não levará o partido a ser abandonado pelos eleitores de Vitória da Conquista, de Urussuí, nem do Estado de São Paulo, da região Sul e do corredor do agronegócio do Centro-Oeste. A maior parte dos eleitores destas regiões quer se ver representado por um partido que não tenha receio de defender o mercado, as privatizações e a redução da tutela estatal sobre os indivíduos.

# Eleições presidenciais – 1º turno de 2006
# Votos por município

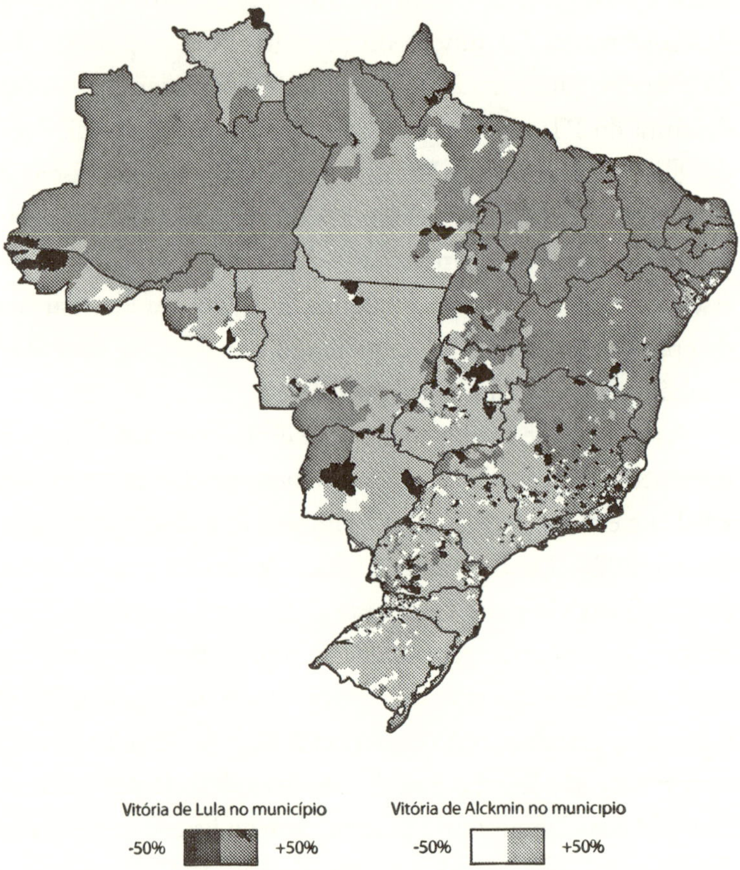

## Eleições presidenciais – 1º turno de 2010
## Votos por município

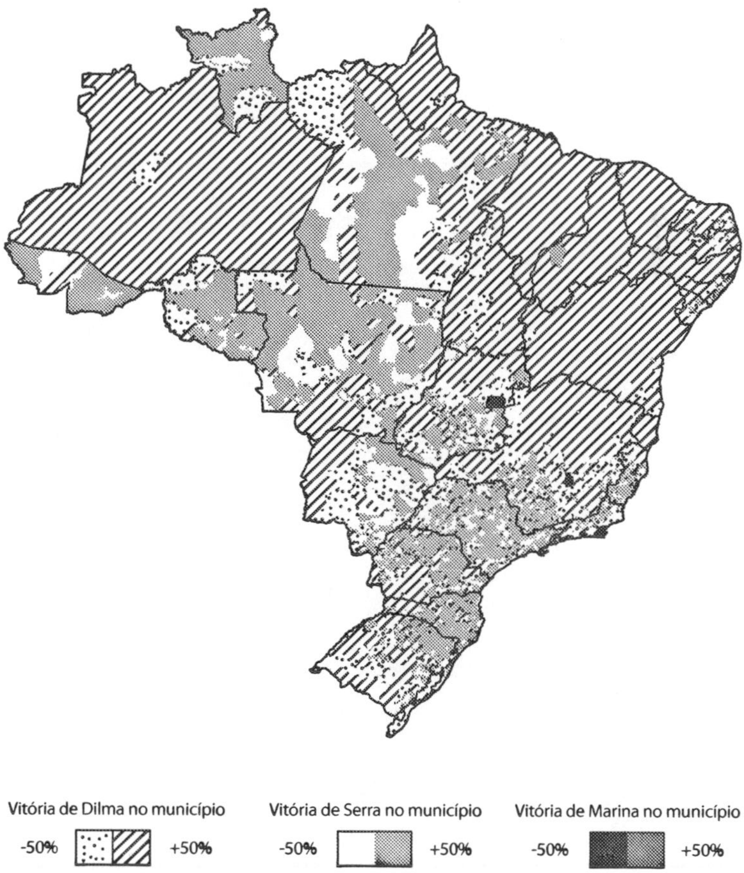


Fonte: Estadão Online. Disponível em: www.estadao.com.br/especiais/geografia-do-voto,120705.htm

# A coligação do gasto e Arnaldo Madeira, do PSDB

No dia 26 de dezembro de 2009, na página 4 de *O Globo*, o então deputado federal pelo PSDB de São Paulo, Arnaldo Madeira, concedeu uma entrevista na qual chamava a atenção para a coligação do gasto existente na Câmara dos Deputados. Essa coligação seria composta de uma quase unanimidade. Toda vez que há um gasto novo para ser autorizado, praticamente todos os deputados votam favoravelmente, sem que seja necessário avaliar se existem recursos para tal. Foi assim que, no exemplo do próprio deputado Arnaldo Madeira, os funcionários municipais de um estado da Região Norte foram todos incorporados à folha de pagamento da União. Essa votação foi simples, direta, e quase a totalidade da Câmara aprovou a medida.

O mais interessante de toda a entrevista de Arnaldo Madeira é que ele fala o tempo inteiro de gasto, mas não há sequer uma vez a palavra imposto. Por que será? Eu, por exemplo, não tenho nada contra gastar. Acredito que ninguém em sã consciência tenha nada contra gastar. O gasto em si é ótimo. Atualmente, por exemplo, a população brasileira está gastando, e muito. Houve um aumento real da massa salarial que, combinado com a ampliação do crédito pessoal, permitiu o recente *boom* de consumo. Graças à gastança privada, individual e familiar, a população está feliz da vida. Se gastar é bom do ponto de vista privado, tudo indica que também o seja do ponto de vista público, desde que, obviamente, o gasto seja em meu benefício. Qual é o problema em se contratarem mais e mais funcionários públicos? A princípio, não há mal algum. Quanto mais gente empregada, melhor. Melhor ainda seria se eu ou alguém da minha família fosse um desses novos funcionários contratados, preferencialmente com um salário bastante elevado e aposentadoria integral.

O que me causou enorme espanto na entrevista do então deputado Madeira é que ele não relaciona mais gastos com mais impostos. Para mim, isso é um enigma. Eu só posso me opor aos gastos se isso for ruim para mim. E isso só é ruim para mim se resultar em mais impostos. A entrevista foi concedida para um jornal de grande circulação e, portanto, seria lida por milhares de pessoas. Para sensibilizar essa grande quantidade de eleitores, é preciso falar de impostos, e não de gastos. Repito, gasto em si, sem acarretar custos, não é problema. O discurso só se torna eleitoralmente efetivo quando se fala de impostos. Por que, então, não se fala disso?

Outro elemento presente em vários discursos públicos no Brasil é o elogio à boa gestão. Novamente a pergunta, para quê boa gestão? Qual a diferença efetiva entre a boa e a má gestão? Muitas vezes, não é o resultado final. O inferno está cheio de boas intenções. Na década de 1980, dizia-se que Saturnino Braga, prefeito eleito do Rio de Janeiro em 1988, era muito honesto e um bom gestor. Porém, em seu período à frente do município, a cidade ficou coalhada de buracos. Muitas vezes, a boa gestão não chega à ponta, não chega ao usuário da saúde e da educação. Há vários fatores que intermedeiam a boa gestão e seu resultado final. O inverso também é verdadeiro. Uma gestão ruim pode ser aprovada pela população.

A minha concepção de boa gestão é aquela que faz mais coisas com menos recursos. A boa gestão terá que necessariamente agradar à população, porque vai botar para funcionar todos os serviços públicos de maneira efetiva. Efetividade não basta. Essa gestão também terá que ser eficiente. Onde se pode gastar 50 e não 100 para se obterem os mesmos resultados, essa gestão gastará 50. Assim, com eficiência, é possível reduzir os impostos ou ao menos não aumentá-los. Mais uma vez, o que mais me causa espanto é que, sempre que os políticos falam em boa gestão, em eficiência, eles nunca falam no que deveria ser o resultado mais imediato e concreto disso para a população: menos impostos.

No dia 11 de janeiro de 2010, no mesmo jornal *O Globo*, o economista Raul Velloso escreveu um artigo inspirado pela entrevista do deputado Madeira. Raul Velloso não é político e, portanto, não está em busca de votos. Mas, pasmem, ao falar de gastos ele também falou de impostos. É elementar, meu caro Watson. Quem fala de coligação do gasto fala, acima de tudo e em primeiro lugar, em coligação dos impostos. O imposto e a arrecadação precedem o gasto. Raul Velloso mostrou que o aumento de gastos públicos resulta em aumento de impostos, e o aumento de impostos pune a sociedade e, especificamente, o dinamismo econômico e a capacidade que a própria sociedade tem de gerar empregos. O artigo de Velloso pode ser resumido em duas causalidades: mais gastos levam a mais impostos, mais impostos resultam em menos empregos. Eu votaria no Raul Velloso por apenas um motivo: porque ele falou de impostos e relacionou-os com empregos.

É exatamente assim que pensa a população brasileira. Em março e agosto de 2009, o Instituto Análise perguntou a toda a população brasileira qual o maior obstáculo para a geração de empregos. Nessa pergunta, foram dadas as seguintes opções de respostas: impostos cobrados pelo governo, juros cobrados pelos bancos, as empresas não investirem para aumentar a produção, o governo gastar mais do que consegue arrecadar, inflação, os produtos piratas, o fato de as pessoas estarem comprando menos. A alternativa "impostos cobrados pelo governo" é de longe a mais mencionada como obstáculo para a geração de empregos. A sua proporção é estável, em torno de 45%. O segundo obstáculo mais mencionado são os juros, muito abaixo, com aproximadamente 15% das menções.

O discurso mais efetivo contra mais gastos foi justamente o retratado pelo artigo do economista Raul Velloso. Isso torna o enigma ainda maior. Falar de boa gestão e de redução de gastos pode se tornar um discurso muito poderoso se ambos forem relacionados com redução de impostos. Eu iria mais longe. Todo gasto é, como corretamente salienta Arnaldo Madeira, para satisfazer o interesse de grupos de pressão específicos. O gasto público é sempre para atender a interesses de grupos particulares. A redução de impostos não, ela atende toda a sociedade. Opor redução de impostos a mais gastos poderia contribuir de maneira decisiva para diminuir o enorme consenso da coligação do gasto. A coligação opera hoje sem custos no horizonte. Ou melhor, ela sempre vota mais gastos porque os custos disso são menos visíveis do que deveriam ser. Eles se tornariam mais visíveis se aqueles que são contra mais gastos começassem a falar de forma sistemática e repetitiva contra o aumento de impostos. É isso que a sociedade, e não somente o empresariado, quer.

Estou tratando de três pontos de vista diferentes: a entrevista de um político, a contribuição de um economista e a visão de quem trabalha com comunicação. O economista não tem a menor obrigação de saber que o seu argumento é aceito pelo eleitorado. E efetivamente é. Há muitos anos circula na sociedade a informação de que os impostos elevados impedem a contratação por carteira assinada. Milhares e milhares de brasileiros já tiveram a oferta de ganhar mais sem carteira assinada versus ganhar menos com carteira assinada. Outros milhares foram demitidos sob o argumento de que os impostos eram elevados demais para que eles continuassem contratados. Outros tantos sabem, pela conta de luz, que se paga imposto no momento em que se acende uma simples lâmpada. A redução do IPI levou à diminuição de preços de inúmeros bens. A população sabe que é explorada pelos impostos elevados.

Os políticos, e isso inclui os mais bem-intencionados, precisam ouvir a população. Isto significa falar contra a nossa carga tributária, relacionando-a a menos empregos e menos consumo. Eu convido o leitor a refletir sobre os porquês de os políticos não tratarem desse tema. O Brasil passou a sonhar de maneira realista em se tornar um país desenvolvido, de Primeiro Mundo. Pois bem, em todos os países do Primeiro Mundo que se prezem existe pelo menos um grande partido político cuja temática principal é a redução de impostos ou pelo menos não aumentá-los. Isso não é monopólio dos Estados Unidos de Reagan ou da Grã-Bretanha de Thatcher. A cidadania fiscal surgiu com toda a força nos anos 1980, e veio para ficar na Espanha, Itália, Portugal, Alemanha, Japão etc.

Minha suspeita é que os políticos não falam em menos impostos porque temem os custos de serem mais eficientes. Ser eficiente significa cortar gastos, reduzir o desperdício, conter aumentos salariais acima da inflação para os servidores públicos, dizer não aos pedidos de emprego, conter a utilização de diárias, passagens aéreas, diminuir o número de missões técnicas ao exterior, contratar os prestadores de serviços mais eficientes, fazer somente as obras realmente necessárias, enfim, reduzir impostos exige frugalidade. Frugalidade no setor público. Creio que a maioria dos políticos ainda não está preparada para isso, mas o povo está. Nada mais frugal (para utilizar um eufemismo) do que a vida da maioria de nossa população.

# O mito da transferência de votos

Há no Brasil o mito da transferência de votos. A maior prova de que transferência de votos não existe ocorreu na eleição de 1989, quando Brizola apoiou Lula. Naquela ocasião, a grande massa dos eleitores que votou em Brizola no primeiro turno, principalmente no Rio de Janeiro e no Rio Grande do Sul, votou em Lula no segundo turno. A prova da transferência, para a maioria dos analistas, está aí: Brizola declarou apoio a Lula, e os seus eleitores votaram em Lula. Uma pergunta: se Brizola tivesse pedido aos seus eleitores no primeiro turno que votassem em Collor no segundo turno, isso teria acontecido? Não, claro que não. Portanto, não há transferência de votos.

Não existe mágica. O que Brizola fez foi muito simples. Ele já sabia que os seus eleitores votariam em Lula de qualquer maneira. Assim, antes que isso ocorresse, ele se antecipou e declarou apoio ao candidato do PT. No final, Brizola posou de grande líder. Muitos até hoje afirmam: "Viu o carisma de Brizola? Ele apoiou o Lula, e seus eleitores o seguiram." Se fosse líder mesmo, ele teria conseguido fazer com que seus eleitores votassem em Collor. Não foi isso que aconteceu.

A ideia de que existe transferência de votos está baseada em um pressuposto elitista e hierárquico. Pressupõe-se que o eleitor de classe baixa, dotado de pouca ou nenhuma escolaridade, fique esperando a indicação de seu líder para votar no candidato indicado. O eleitor não teria motivos melhores para votar em alguém do que a indicação do líder.

Os dados que mostram a fraqueza deste pressuposto são muitos. Na eleição de prefeito de 2000 no Estado do Rio de Janeiro aconteceu a mesma coisa. Naquele ano, Garotinho era muito popular. Nas pesquisas estaduais, a soma de ótimo e bom do então governador alcançava a incrível marca de 75%. Para os pseudoespecialistas em transferência de votos, isso teria sido suficiente para que Garotinho elegesse muitos prefeitos. Pois bem, dos 19 municípios que formam a região metropolitana, incluindo a capital, os candidatos apoiados por Garotinho perderam em 16 deles. Venceram apenas em Itaboraí, Maricá e Japeri.

Para citar apenas alguns exemplos de candidatos apoiados por Garotinho que foram derrotados, temos: Conde, na capital do estado; Sérgio Zveiter, em Niterói; Sheila Gama, em Nova Iguaçu; Geraldo Moreira, em Caxias; e Ezequiel, em São Gonçalo. Alguns podem acreditar que esse fenômeno só aconteceu na região metropolitana. Não é verdade. Israel de Souza, candidato de Garotinho em Barra Mansa, no interior do estado, perdeu para Roosevelt Brasil; em Barra do Piraí Márcia Mariotini foi derrotada por Carlos Baltazar, e, em Arraial do Cabo, Renato Viana perdeu para Henrique Melman. Os exemplos podem ser multiplicados.

Passemos a Lula, o nosso grande recordista de popularidade. Na eleição de 2002, Lula só foi derrotado em três estados no primeiro turno. Ficou atrás de Garotinho no Rio de Janeiro, perdeu para Serra em Alagoas e para Ciro no Ceará. Por outro lado, os governadores do PT só foram eleitos no Acre, em Mato Grosso do Sul e no Piauí. Para governador, naquele ano, o PSDB ganhou em sete estados, o PFL venceu em quatro, e o PMDB em cinco. Esses três partidos somaram 16 governadores eleitos. Eles eram a base de sustentação do governo Fernando Henrique, que tinha sido derrotado por Lula. Ora, se Lula tivesse capacidade de transferir votos, não teria elegido tão poucos governadores do PT ante os inúmeros governadores eleitos pela trinca PSDB-PFL-PMDB.

A inexistência de transferência de votos não discrimina quanto à coloração partidária. Seja o PT, seja o PDT do então governador Garotinho, ou qualquer partido, o fato de um governante ser popular não assegura que os eleitores vão seguir o seu conselho quando se trata de votar. Em 1996, no Estado de Pernambuco, o popular Miguel Arraes viu seu desafeto e então principal adversário político, Roberto Magalhães, ser eleito prefeito de Recife. O mesmo fenômeno aconteceu durante o governo do superpopular Jarbas Vasconcelos. O então governador viu o PT conquistar a prefeitura da capital derrotando o deputado apoiado por Jarbas. Na Belo Horizonte de 1996, o candidato a prefeito apoiado pelo popular governador

Eduardo Azeredo foi Amílcar Martins. Ele perdeu para Célio de Castro.

São muitos os exemplos e vêm de todos os recantos do país e de todas as eleições.

Alguns analistas vão mostrar o caso oposto, aquele no qual o governante popular elegeu alguém que ele indicava. É preciso, para entender esse fenômeno, separar alhos de bugalhos.

Lula elegeu Dilma em 2010. No mesmo ano, Aécio elegeu Antônio Anastasia governador de Minas. César Maia elegeu Conde prefeito do Rio em 1996. Mesmo ano em que Maluf elegeu Pitta em São Paulo. Nada disso nega o argumento deste artigo, o de que não existe transferência de voto. O que acontece, e com muita frequência, é que o eleitor prefere dar continuidade a governos bem avaliados: "Se você está satisfeito com o meu governo (e eu sei que está), então vote neste candidato, pois ele fez parte do meu governo e é ele quem vai dar continuidade ao governo que você aprova". Presidente elege presidente, governador elege governador, e prefeito elege prefeito. Quando o presidente popular tenta eleger prefeitos ou governadores, não necessariamente obterá sucesso. Contudo, há casos que confundem a nossa análise.

Tomemos um exemplo de 2008. Lula apoiou o candidato Alcides Rolim do PT em Belford Roxo, município da região metropolitana do Rio de Janeiro, que acabou sendo eleito. Alguns analistas vão dizer que aquele Lula superpopular foi capaz de transferir votos para um candidato a prefeito. Com ou sem o apoio de Lula, o candidato Alcides Rolim tinha 80% de chances de vencer a eleição naquele município. Isso é estimado considerando-se a avaliação do governo. Assim, havia uma superposição entre o apoio de Lula a um candidato a prefeito, uma prefeitura extremamente mal avaliada e a vitória do candidato petista, que era de oposição a essa prefeitura. Isso mostra que não há transferência de votos.

O que acontece quando um político de que o eleitor gosta indica um candidato do qual o eleitor não gosta? Primeiro, ele não vota no candidato indicado. Segundo, ele explica o porquê disso ao político que indica (que é de quem ele gosta). O eleitor diz mais ou menos o seguinte: "Olha, eu gosto muito de você, inclusive votei em você na última eleição; porém, desse candidato em quem você pede que eu vote eu não gosto. Portanto, eu lhe peço desculpas. Se fosse você, eu votaria, mas sendo ele, eu não voto. Peço desculpas, deixa para a próxima." Depois disso, o eleitor crava o voto naquele candidato em quem ele tem realmente um motivo para votar.

Indicação não é motivo de voto. Avaliação de governo é, e muito importante. Vamos a um último exemplo, com o qual estive envolvido diretamente em 2004. Goiânia: Pedro Wilson versus Íris Rezende. Pedro Wilson era o prefeito mal avaliado do PT. Foi derrotado por Íris Rezende. Os dois foram para o segundo turno contra a preferência do então popular governador Marconi Perillo, que queria ver no segundo turno o candidato Sandes Júnior. Pedro Wilson teve todo tipo de apoio no segundo turno: Lula, marketing de Duda Mendonça, a cidade coalhada de bandeiras do PT, etc. Íris venceu. Por duas razões: porque o governo de Pedro Wilson estava muito mal avaliado e porque não há transferência de votos.

# E nem mesmo Lula transferiu votos

A história nos ajuda a entender o mito da transferência de votos. Jaboatão dos Guararapes é um município de mais de 665 mil habitantes. É contíguo a Recife e tem uma renda média muito baixa. Pernambuco, diga-se de passagem, é um dos estados brasileiros onde o apoio do ex-presidente Lula foi dos mais altos. Além do bolsa-família, da marca social, do desempenho da economia, do acesso ao crédito, os pernambucanos dizem que Lula é de lá, afinal, ele é natural de Garanhuns. Em qualquer município do estado, a avaliação de Lula sempre foi fenomenal, talvez a mais alta do Brasil. Isso também valeu para Jaboatão. Além disso, na vizinha Recife, o prefeito do PT fez um bom trabalho, foi reeleito em 2004 e elegeu o sucessor em 2008. Sua elevada aprovação e sua fama foram parar em Jaboatão. Por analogia, muitos poderiam acreditar que com Lula lá e João Paulo aqui, elegendo-se um prefeito petista, quem sabe, Jaboatão poderia melhorar muito.

Um ingrediente central dessa história era a péssima avaliação do prefeito de Jaboatão. Todos os ingredientes favoreciam André Campos, o candidato do PT que, inclusive, iniciou a corrida em primeiro lugar. Lula gravou depoimentos a favor de André, e a voz do presidente esteve maciçamente presente nos carros de som espalhados pela cidade. Nada disso fez com que André ganhasse. O prefeito eleito em 2008 no segundo maior município do estado natal de Lula foi do PSDB. Elias Gomes foi prefeito de Cabo de Santo Agostinho, também uma cidade grande da região metropolitana de Recife. Ele fez uma campanha propositiva com ênfase na construção do hospital municipal de Jaboatão e da pavimentação de 1.000 ruas. Deu credibilidade às promessas mostrando o que tinha feito quando estivera à frente da prefeitura de Cabo. Venceu com 53% dos votos válidos.

Também em 2008, no Sudeste, mais especificamente no Rio de Janeiro, Alessandro Molon, do PT, com muito tempo de televisão, não passou de 4% dos votos válidos. Fátima foi derrotada por Micarla em Natal depois de divulgar muito em sua propaganda política o apoio de Lula. O presidente participou de um comício no qual pedia com muita ênfase votos para Fátima. Em São Bernardo do Campo, berço do sindicalismo que alçou Lula à condição de líder político nacional de destaque, o candidato do PT, Luiz Marinho, teve, afirma-se, uma das mais caras campanhas eleitorais quando se divide o gasto pelo número de eleitores. Lula participou de inúmeros eventos em São Bernardo, comícios, carreatas, passeatas etc. A expectativa era de que Marinho ganhasse no primeiro turno. O PT acabou vencendo nesse importante município do ABC, mas somente no segundo turno.

Aliás, em 2008, o Estado de São Paulo deu mais prefeitos ao Democratas do que ao PT. Ao que tudo indica, houve uma inversão: enquanto os Democratas perderam terreno no Nordeste e o PT ganhou, em São Paulo o PT aparentemente perdeu terreno para os Democratas. Não se pode afirmar que em São Paulo a avaliação do governo federal fosse ruim: o comércio varejista passava a vender mais, a indústria a produzir mais, enfim, o crédito também aquecera a economia do estado mais rico do país. Não foi somente no Nordeste que isso ocorreu.

Há exemplos para todos os gostos: cidades grandes do Nordeste, capitais do Sudeste, cidades do interior do Centro-Oeste; em todos os lugares, valeu a lógica de sempre: o que conta para as eleições municipais são as questões municipais. Aquele que mostrar com maior credibilidade que vai resolver os principais problemas do eleitor tornar-se-á o favorito. Foi assim que Kassab, ao insistir no tema da saúde, nas AMAs, nos hospitais, nas AMAs com médicos especialistas, enfim, nas diversas medidas para melhorar o atendimento de saúde em São Paulo, foi assim que o prefeito chegou na frente da Marta no primeiro turno e a derrotou no segundo. Quatro anos antes, o tema da saúde, foco de campanha de Serra, que saíra pouco antes do Ministério da Saúde, o tema da saúde derrotava Marta. É uma questão local, nada tem a ver com a avaliação do presidente. O eleitor vai preferir aquele que transmitir maior credibilidade nas promessas de solução desse problema.

Recordar é viver. Pseudoanálises criaram em 2008 a expectativa de que o PT, graças à elevadíssima popularidade de Lula, daria uma lavada. Essa expectativa estava baseada na falsa premissa de que o eleitor iria se comportar de acordo com o pedido do líder bem avaliado. Isso não ocorreu nem com o presidente nem com os governadores bem avaliados. Também quanto a isso, quanto à incapacidade de transferência de votos dos governadores, há inúmeros exemplos. Mesmo um governador muito bem avaliado não tem o poder de eleger quem ele queira. O PMDB de Sérgio Cabral perdeu em Duque de Caxias para o PSDB; em Nova Iguaçu, Mesquita e Belford Roxo, para o PT. Por quê? Tudo por conta de questões locais, específicas de cada um desses municípios. Nada teve a ver com o desempenho ou a aprovação do governador do Estado do Rio de Janeiro.

Cada um desses exemplos se expressa nos grandes números. Diga-se de passagem, os grandes números ajudam muito a entender o que vem ocorrendo na distribuição das prefeituras no Brasil. De 1996 para 2008, os três maiores partidos conservadores vêm lançando, no agregado, menos candidatos a prefeito. O PMDB lançou 3.010 candidatos em 1996, caiu para 2.844 em 2000 e 2.482 em 2004. Essa trajetória de queda foi interrompida somente agora, em 2008, quando o PMDB lançou mais candidatos do que na disputa anterior: 2.673. Isso ocorreu graças à Bahia, onde, em 2004, o PMDB teve 89 candidatos e em 2008 passou para 260. Um acréscimo de 171 candidatos; por coincidência, exatamente o mesmo número de candidatos a menos que teve o Democratas no estado.

O PSDB não interrompeu, por hora, a trajetória de queda no número de candidatos lançados a prefeito. Em 1996, foram 2.212, e em 2008 1.799. A redução dos Democratas foi a mais acentuada de todas, saindo de 2.239 candidatos em 1996 para 1.252 em 2008. O PT, ao contrário desses três partidos, vem lançando cada vez mais candidatos, com exceção de 2008, quando teve 1.633 candidatos a prefeito diante dos 1.947 lançados em 2004.

## Número de candidatos a prefeito lançados pelos quatro grandes partidos

| | 1996 | 2000 | 2004 | 2008 |
|---|---|---|---|---|
| PMDB | 3.010 | 2.844 | 2.482 | 2.673 |
| PSDB | 2.212 | 2.079 | 1.928 | 1.799 |
| DEM/PFL | 2.239 | 2.297 | 1.759 | 1.252 |
| PT | 1.088 | 1.330 | 1.947 | 1.633 |

Fonte: TSE

Varia muito o número de candidatos a prefeito que cada um desses partidos lança, porém varia pouco, ou quase nada, a proporção de candidatos que são eleitos. Entre 1996 e 2008, tomando-se PMDB, PSDB e DEM, elegeram-se 44% dos candidatos a prefeito. A variação em torno da média foi muito pequena; o mínimo foi 42%; e o máximo, 48%. A única exceção a essa regra de pouca variação foi o PT. A cada ano que passa, o partido elege uma proporção maior de candidatos a prefeito. O que isso significa?

## Proporção de candidatos a prefeito eleitos

| | 1996 | 2000 | 2004 | 2008 |
|---|---|---|---|---|
| PMDB | 43% | 44% | 43% | 45% |
| PSDB | 42% | 48% | 45% | 44% |
| DEM/PFL | 42% | 45% | 45% | 40% |
| PT | 10% | 14% | 21% | 33% |

Fonte: TSE

Significa que no passado o PT lançava candidatos para marcar posição, e hoje lança candidatos para ganhar. Ou seja, de tanto disputar eleição, o PT se tornou menos sonhador e mais realista: lançar um candidato e fazer campanha para ele não garante sua vitória. Para vencer, é preciso ter chances. Tanto isso é verdade, que em 2008 o PT lançou menos candidatos do que em 2004. Foram 1.633 candidatos contra 1.947 quatro anos antes. Nesse período, Lula foi reeleito e o PT passou de três para cinco governadores de estado. Não foi porque ficou mais forte que lançou mais candidatos. O partido se tornou mais forte porque se tornou mais viável e aprendeu a disputar eleições, e, tendo aprendido a disputar eleições, passou a ser mais realista quanto às chances de seus candidatos. Hoje o PT se aventura menos e vence mais. Também nesse aspecto o partido ficou mais conservador.

Resultado: em 2008, o PT elegeu 33% de seus candidatos a prefeito, um aumento de 12 pontos percentuais entre agora e 2004. Aliás, de 1996 a 2000 a taxa de sucesso dos candidatos petistas aumentou 4 pontos percentuais; na eleição seguinte, 7 pontos percentuais; e agora, os 12 mencionados. Pergunta que não quer calar: se Lula tivesse tido o poder mágico de eleger e transferir votos, a trajetória seria essa? Repetindo, o aumento da taxa de eleição dos candidatos petistas foi de 4, 7 e 12. Isso não parece uma trajetória que independe da força do presidente? Tudo indica que sim. Aliás, o PT ainda não conseguiu o que os outros três partidos já fazem desde 1996: eleger 45% de seus candidatos. Se o sucesso eleitoral do PT nas eleições municipais aumentar novamente, essa taxa de conversão será alcançada em 2012, com ou sem presidente popular, com ou sem Lula, com ou sem o mito da transferência de votos entre políticos de cargos diferentes.

# O mito da desconstrução da boa avaliação de um governo

"Vamos desconstruir a avaliação positiva do governo." É uma frase muito comum vinda da boca de marqueteiros e candidatos de oposição. Eles acreditam que, se durante a campanha eleitoral um governo bem avaliado for duramente criticado, a avaliação vai piorar. O raciocínio é simples. Candidatos, assessores, marqueteiros e os demais profissionais da política são pessoas envolvidas a maior parte do tempo com aquilo que acontece no mundo político. Qual o resultado disso? O seu nível de informação sobre os fatos políticos é enorme. Como decorrência, o candidato de governo e sua equipe salientam e sublinham todos os acontecimentos positivos do governo: inauguramos três postos de saúde, reformamos cinco escolas, aumentamos o número de crianças nas creches, instituímos a consulta popular acerca do orçamento, implementamos o plano diretor, etc. Há um rosário de coisas positivas feitas pelo governo, mesmo que a maioria delas tenha pouca ou nenhuma visibilidade para o eleitor.

A conclusão é simples: aqueles que estão diretamente envolvidos com o governo, e que consequentemente fazem a campanha eleitoral governista, sabem muito mais sobre as realizações do governo do que o eleitorado. Sabem e sempre saberão mais do que o eleitorado. O eleitor médio tem coisa mais importante na sua vida do que conhecer os detalhes sobre a atuação do governo. O eleitor médio tem seu emprego, a família, inúmeros problemas diários muito difíceis de resolver, o lazer, a cachacinha e coisas dessa natureza. A política é somente mais uma coisa de sua vida diária, e não a mais importante, como o é para as equipes de campanha de governo e oposição.

O que vale para o governo vale também para a oposição. E aqui entra o raciocínio sobre um governo bem avaliado. A oposição avalia mal um governo que o eleitorado avalia bem. É claro que é assim, senão ela não seria oposição. A princípio, toda oposição é oposição porque acha que pode ser melhor do que o governo, porque acha que pode melhorar a administração caso derrote o governo em uma eleição. E aí o rosário é bastante diferente, é um rosário oposicionista, de críticas e mais críticas: o governo fez dez abrigos de ônibus pagando mais caro do que o normal, houve uma pane da UTI do hospital municipal, os professores estão em greve há um mês, há muitas ruas esburacadas em uma determinada área da cidade, e por aí vai.

Todos os ataques da oposição são verdadeiros e baseados em fatos, mas eles não têm o poder de modificar a avaliação positiva de um governo. Por quê? Não custa repetir: porque o eleitorado não tem o mesmo envolvimento com a política daqueles que elaboram a campanha do candidato oposicionista.

Quando vemos os dados de municípios de diversos tamanhos durante o ano eleitoral, é possível perceber que a avaliação da prefeitura praticamente não varia no curto prazo. O que é o curto prazo? Um período de um ou dois meses. Há variação quando se tomam os meses do primeiro semestre, março e abril, por exemplo, e o mês de setembro, imediatamente antes da eleição. Em geral, essa avaliação é na direção de melhorar a avaliação do governo. Porém, quando se tomam os meses de julho, agosto e setembro a avaliação da prefeitura, em geral, não piora, mesmo com os candidatos de oposição criticando sem cessar o governo em suas propagandas eleitorais. Por outro lado, a melhora da avaliação pode acontecer na medida em que o governo, seu candidato na eleição, faça a propaganda eleitoral baseada nas realizações do governo.

Os candidatos de oposição que atacam o governo ou desconhecem essa regra da opinião pública, ou, por acreditarem em coisas sem comprovação empírica, acham que isso não acontece. Repito, eles acreditam piamente que, se atacarem um governo bem avaliado, são capazes de "desconstruir" o governo aos olhos do eleitorado, piorar a avaliação do governo e assim conquistar mais votos junto àqueles que passam a avaliar o governo negativamente. Ledo engano.

Na verdade, o que os leva a fazer isso é a crença equivocada no seguinte raciocínio: "Eu acho que o governo é ruim por causa de X, Y e Z; portanto, se eu mostrar isso ao eleitor, ele também passará a achar o governo ruim". Essa forma de pensar está fundamentada em falta de empatia do candidato em relação ao eleitor. Ao contrário, eu proponho o exercício de se colocar no lugar do eleitor e, assim, perguntar por que ele acha o governo bom ou ótimo. O eleitor tem seus motivos, e motivos tão fortes para avaliar o governo positivamente quanto os motivos elencados pelo oposicionista para avaliar o governo negativamente.

O eleitor tem uma coisa que o candidato, até se abrirem as urnas, não tem: os votos. É simplesmente por essa razão que o candidato deve ter empatia em relação à situação do eleitor. O eleitor avalia positivamente uma administração provavelmente porque o governo, qualquer que seja ele, federal, estadual ou municipal, ajudou-o a resolver um ou dois problemas graves que o afligiam: o tempo de espera para ser atendido nos postos de saúde diminuiu, a sua rua foi pavimentada. Além disso, o governo bem avaliado deve ter mostrado um determinado conjunto de realizações que transmitiu ao eleitor a imagem de que o governo cuida dele. Vale a pena criticar isso?

## Evolução da avaliação de governo em um ano eleitoral (2004)

| Município | fev | mar | abr | mai | jun | jul | ago | set |
|---|---|---|---|---|---|---|---|---|
| Rio de Janeiro | | | 62 | | 61 | | | |
| Goiânia | | | | | | 36 | 36 | |
| Niterói | 44 | | | | | | | 52 |
| Nova Friburgo | | | 38 | | | | 53 | 62 |
| Nova Iguaçu | | | | | 39 | | 38 | 45 |
| Duque de Caxias | | 77 | | | | | 79 | 81 |
| Araruama | | | | 47 | | | 65 | 62 |
| Saquarema | | | | | 65 | | 65 | 65 |
| São Gonçalo | | | 9 | | 8 | | | |
| Magé | | | | | | 38 | | 38 |
| São João de Meriti | | | 24 | | 23 | 23 | | |

O candidato de oposição que critica e ataca uma prefeitura bem avaliada recebe de volta a rejeição do eleitorado. Refiro-me a ataques gerais e indiscriminados, a ataques a algo que o eleitor avalia positivamente. É nessa frase que está a senha para a crítica. O oposicionista pode criticar o governo? Sim, pode e deve. Porém, a crítica precisa ser cirúrgica: naquilo que o eleitor mais valoriza e que é mal avaliado. Nem tudo é bem avaliado em um governo que tem uma aprovação elevada. Há falhas, coisas que não foram resolvidas, coisas que deixaram a desejar.

Quando um candidato de oposição ataca indiscriminadamente um governo bem avaliado, colhe a antipatia daqueles que avaliam o governo como ótimo e bom. Se ele tinha eleitores nesse grupo, passa a perder votos. Ao contrário, um candidato de oposição que ataca cirurgicamente um governo, apenas naquilo que é mal avaliado e que é importante para o eleitorado, tem mais chance de mudar o voto dos que avaliam o governo positivamente. Note-se a simplicidade e obviedade desse raciocínio. Ainda assim, algo muito pouco seguido pela grande maioria dos candidatos de oposição que enfrentam governos bem avaliados.

Estou afirmando, portanto, que o oposicionista tem que ser menos oposicionista em uma campanha eleitoral na qual enfrenta um governo bem avaliado. Não precisa ser mais oposicionista. O eleitorado sempre sabe quem é o governista e quem se lhe opõe. Assim, se está claro para o eleitor quem é de oposição, para que então ser mais de oposição ainda? Sobretudo quando você sabe que isso tenderá a tirar votos da maioria do eleitorado, essa maioria que considera que o governo está indo na direção correta.

# A estratégia da oposição em 2010: o que foi e o que poderia ter sido

No dia 3 de dezembro de 2009, uma quinta-feira, mais uma vez o caos se instaurou no trânsito de São Paulo. Foi devido a muita chuva. Formou-se um engarrafamento de mais de 200 quilômetros. Eu provavelmente percorri uns 25 desses 200. Isso me tomou 2 horas e 15 minutos. Era início da noite, e no rádio do táxi, além das músicas, tive a chance de ouvir a propaganda partidária do PSDB e do PT. No PSDB, falaram José Serra, Aécio Neves e o presidente do partido, Sérgio Guerra. As falas foram otimistas e propositivas, foram evitadas críticas frontais ao governo Lula. Serra e Aécio enfatizaram suas realizações à frente de seus respectivos governos de então.

O programa do PT foi mais conflituoso. Foram comparadas as realizações do PT com as do PSDB. O locutor dizia que o PT quebrara tabus, que no passado havia o tabu de que o Brasil não pagaria a dívida externa, e o PT pagara; que havia o tabu de que aumento de salário mínimo gerava inflação, o

PT concedera vários aumentos reais e não houvera aumento de custo de vida. O esforço da propaganda do PT foi de comparação insistente com o PSDB, mostrando-se sempre, como é praxe em propagandas dessa natureza, que o PT e os seus são melhores do que o PSDB. A estratégia da candidata do governo explicitada em um programa de rádio em dezembro de 2009 foi repetida na campanha eleitoral de 2010. Obviamente, o governo tentaria levar o debate eleitoral para um plebiscito acerca do então governo Lula. Algo como: quem aprova o governo, que dê continuidade a ele votando em Dilma, quem não gosta do governo pode votar nos demais candidatos. Como a soma de ótimo e bom do governo foi sempre muito elevada no biênio 2009-2010, uma grande conversão dessa aprovação em votos levaria Dilma à vitória. Foi exatamente isso o que aconteceu.

Do lado da oposição, era possível antecipar que a estratégia fundamental seria a comparação de biografias. Em 13 de outubro de 2009, o marqueteiro derrotado de Alckmin e que viria a se tornar também, um ano mais tarde, o marqueteiro derrotado de Serra, Luiz Gonzales, em entrevista ao *Valor*, disse justamente isso: a comparação entre a biografia de Serra e Dilma levaria o candidato do PSDB à vitória. Afinal, tanto Serra quanto Aécio já tinham duas biografias densas e consistentes. Dilma era a regra três da regra três. O nome dela só passara a ser considerado depois do naufrágio de José Dirceu e Palocci. Dilma nunca disputara uma eleição, Dilma tinha sido guerrilheira, Dilma não viera de baixo, e assim por diante. Com a comparação, o eleitorado veria que personalidade, que pessoa, seria melhor para governar o Brasil. Como o nosso voto é na pessoa, como o país é personalista, então a comparação de biografias daria a qualquer candidato do PSDB uma vantagem folgada sobre Dilma.

Qualquer decisão acerca da adoção desta ou daquela estratégia de campanha depende de como se analisa a disputa eleitoral. Análises diferentes levam a estratégias diferentes. Se alguém acredita que ao atacar o governo a avaliação deste piora, então haverá a tendência de criticar as (não) realizações do governo. Se, como eu, você acredita que o ataque ao adversário não leva à piora de sua avaliação, então adotará uma estratégia que se adaptará à boa avaliação do governo. Assim, considero que há alguns pressupostos muito importantes que precisam ser levados em conta quando avaliamos a comunicação adotada por Serra em 2010.

O primeiro de tais pressupostos, já mencionado linhas atrás, é a impossibilidade de se desconstruir, como os políticos gostam de dizer, a imagem de um governo simplesmente por meio da crítica. Fernando Henrique desfrutou de uma excelente avaliação de governo durante todo o seu primeiro mandato. No mesmo período, o PT só fez criticar o governo: atacou as relações do Brasil com o FMI, disse que o Plano Real era o Plano Cruzado dos ricos, promoveu um plebiscito para defender o não pagamento da dívida externa, votou sempre contra o governo na Câmara e no Senado etc. O que tudo isso influiu na avaliação do governo? Nada. A popularidade de Fernando Henrique caiu de forma significativa duas vezes, uma por conta da desvalorização do Real, a partir de janeiro de 1999, e outra logo após o apagão. Em suma, eis o primeiro pressuposto baseado em dados: a popularidade de um governo não depende das críticas da oposição, mas de fatos políticos efetivos que resultem em sua melhora ou piora. Lula passou todo o ano de 2009 com a soma de ótimo e bom gravitando em torno de 65%.

O segundo pressuposto é que podemos dividir o eleitorado em três grandes grupos: aqueles que sempre votam em candidatos do PT, aqueles que sempre votam em candidatos do PSDB e aqueles que mudam de voto em função da conjuntura. PT e PSDB têm em torno de 30% de votos certos no primeiro turno e 40% no segundo.

É assim em qualquer país do mundo. Obama venceu McCain com uma vantagem de aproximadamente sete pontos percentuais no voto popular. Foi uma vantagem grande para os padrões norte-americanos, porém pequena se considerarmos que a economia daquele país atravessava uma das piores crises econômicas de sua história. Isso aconteceu porque há eleitores que jamais votaram e nunca votarão em um candidato democrata. O mesmo vale para o voto em um candidato republicano. O mesmo vale para votar no PT e no PSDB. Isso significa que uma estratégia de comunicação de sucesso tem que ser direcionada para o eleitor que muda de voto. Na eleição de 2010, o eleitor que muda de voto tinha uma avaliação positiva do governo federal.

O terceiro pressuposto, também baseado em dados e em estudos empíricos, diz respeito tanto ao perfil do eleitor que vota no PT quanto ao eleitor que o rejeita. O eleitor dos candidatos do PT é majoritariamente de classe baixa: quanto mais pobre uma pessoa é, maiores as chances de ela votar em um petista. Por outro lado, o eleitor dos candidatos do PSDB é mais de classe média. Não deve ser entendido aqui como classe média quem mora na Zona Sul do Rio de Janeiro ou nos Jardins em São Paulo. Isso é classe alta. A classe média tem um rendimento familiar mensal de aproximadamente 1.200 reais. Assim, quando se sobe na pirâmide social brasileira, aumenta-se a chance de se votar em um tucano para presidente. Quando se desce na mesma pirâmide, aumenta-se a chance de se votar em Dilma, Palocci ou Lula.

Fundamentado nesses pressupostos, argumentei publicamente e no momento oportuno que a melhor estratégia para o PSDB em 2010 não seria a pura e simples comparação de biografias: a estratégia mais eficiente teria que ter adotado as seguintes linhas mestras:

1 – Assim como ocorreu no programa de rádio que eu menciono no primeiro parágrafo deste artigo, não atacar Lula nem seu governo. Seria necessário ir além, dar um passo mais ousado: propor dar continuidade ao que fora feito no governo Lula e que tinha total aprovação do eleitorado. Seria preciso se apresentar como o mais qualificado para dar continuidade ao que fora feito de bom durante o período Lula. Lula não fez isso em 1994. Pelo contrário, ele atacou duramente algo que fora totalmente aprovado pelo eleitorado, o Plano Real; ao fazer isso, ele facilitou sobremaneira a tarefa do governo na campanha eleitoral. Aproximar-se de um governo bem avaliado é estrategicamente equivalente a afastar-se de um governo mal avaliado, justamente o que fez a campanha de Serra em 2002 ao dar no *Programa do Jô* e no *Jornal Nacional* nota 7,5 ao governo Fernando Henrique.

2 – Mostrar que Lula era Lula, e Dilma era Dilma, que se tratava de dois entes inteiramente diferentes, e que por isso Dilma não teria condições de dar continuidade ao que Lula fizera. Lula é simpático, Dilma é antipática; Lula veio de baixo, enquanto Dilma era guerrilheira, Lula é do Nordeste, Dilma é gaúcha, e assim por diante. Entre os dois havia mais contrastes do que similitudes. É nesse contexto específico que entra a comparação entre biografias. As biografias dos candidatos do PSDB eram, antes da eleição, todas melhores do que a de Dilma para dar continuidade às coisas boas feitas no governo Lula. Agora não se pode afirmar o mesmo, uma vez que Dilma poderá se apresentar em uma próxima eleição como presidente.

3 – Era necessário, mesmo preservando o governo federal e prometendo dar continuidade ao que recebia total aprovação, criticar duramente Lula quanto a uma característica importante que todo político deveria ter, e Lula não teria. Lula não saberia escolher seus auxiliares e havia vários exemplos desse suposto defeito do então presidente: José Dirceu e o mensalão, Palocci e o caseiro, e tantos outros que deixaram o barco petista porque não eram realmente qualificados para o que estavam fazendo. Dilma seria mais um desses casos. Dilma seria, portanto, resultado desse defeito de Lula.

4 – Por fim, o quarto elemento central da estratégia embaralharia bastante as cartas junto aos pobres e à classe baixa. Lula atingira um status mais elevado do que Getúlio

> Vargas junto aos pobres, Lula era e é o pai dos pobres, o rei dos pobres, a mãe dos pobres, o Deus dos pobres. Lula passou a nadar de braçada junto aos pobres, sem qualquer oposição realmente efetiva. Era preciso diminuir a influência de Lula junto a esse eleitorado por meio de propostas. Propostas que seriam também uma espécie de crítica a Lula e seu governo. A crítica que considero ser a mais surpreendente e a mais efetiva: Lula ficou oito anos na presidência e nunca liderou o país para reduzir os impostos que incidem sobre o consumo, em particular sobre os alimentos. Essa proposta lançaria uma pequena dúvida (o que já seria um grande feito da oposição) sobre o compromisso de Lula para com os pobres. Mobilizaria e agradaria o eleitorado. Se implementada no governo, aumentaria de imediato o consumo do eleitorado.

Há até hoje certa incredulidade, da parte de alguns políticos da oposição, em relação à efetividade do tema dos impostos. A eleição de 2010 não teve um tema novo relacionado ao consumo, que é o que realmente decide uma eleição presidencial. Em 1994 e 1998, o Plano Real e a redução da inflação, com o consequente aumento do consumo, foram os temas da eleição. Em 2002, foram o desemprego e os seus efeitos negativos que ele teve sobre a renda. Em 2006, o tema foi o bolsa-família. Serra não ousou e por isso ficou muito longe, muito longe mesmo de colocar na ordem do dia a redução dos impostos sobre o consumo. Em 2008, segundo os dados do IPEA, quem ganhava até dois salários mínimos fora atingido por uma carga tributária de 53,9%. Porém, quem ganhava mais de 30 salários mínimos tivera uma carga de somente 29%. É muita injustiça. Nossa estrutura tributária, única no mundo, e de inspiração escravista, da qual Lula não modificou uma vírgula sequer, gera pobreza e desigualdade. Lula e segmentos do PT admiram o sistema francês e gostam de controlar recursos, daí a obsessão pelo aumento da carga tributária. Faltou à oposição um pouco de ousadia para modificar de fato a face do debate público no Brasil. Menos impostos e mais consumo, já!

# Os resultados das pesquisas variam muito, mas os resultados das eleições são extremamente previsíveis

A cada dois anos, entre maio e outubro, abundam análises eleitorais, tanto as boas quanto aquelas que dizem, na linguagem futebolística, que eleição é "uma caixinha de surpresas", que o segundo turno é uma nova eleição, e por aí vai. Estamos expostos, portanto, em tal período regular, a muita baboseira sobre o processo eleitoral. Todas essas pseudoanálises terão um fator em comum: não serão mostrados dados empíricos para sustentar as afirmações feitas. Assim, vemos toda sorte de "gênios" de plantão dizendo coisas inacreditáveis. Isso porque, quando não há evidências, pode-se dizer qualquer coisa.

Exemplo: poucos se deram ao trabalho de contar quantas viradas eleitorais ocorrem entre o primeiro e o segundo turno. O que acontece com mais frequência é que o primeiro colocado no primeiro turno seja o vencedor no segundo. Sendo assim, não se pode afirmar que sejam duas eleições completamente diferentes, como é comum ouvir-se de tais analistas a cada dois anos.

Outro exemplo de que os dados empíricos colocam limites ao possível: as chances de que um prefeito bem avaliado, caso dispute a reeleição, seja derrotado por seus opositores são muito pequenas, algo em torno de 10%.

Analisando-se inúmeras eleições municipais já acontecidas no Brasil, podemos afirmar, sem dúvida, que, quando um prefeito tem uma avaliação positiva acima de 60%, tem em torno de 90% de chances de reeleger o sucessor. Essa conclusão não é nada brilhante, é muito simples e singela, mas está baseada em dados reais, em coisas que já ocorreram no Brasil. Ela é uma regra probabilística.

O Brasil tem avançado muito no que tange ao amadurecimento de seu capitalismo. Os IPOs estão aí para sustentar tal afirmação. Conceitualmente, o que há de importante nisso é que nossos empresários descobriram que a transparência e a previsibilidade dão lucro, capitalizam as empresas, aumentam a rentabilidade e permitem conquistar novos mercados.

Isso tem relação com prever resultados eleitorais. Há inúmeras empresas que necessitam saber o que vai ocorrer a cada outubro de anos pares, a fim de estimar quais contratos deverão ser mantidos e quais perderão. O capitalismo motiva o associativismo e exige previsibilidade. É assim que muitas empresas que trabalham para municípios atuam conjuntamente para defender seus interesses. Algo correto, legítimo e louvável. Essas mesmas empresas precisam conhecer as chances de vitória de determinados candidatos nas eleições.

Tome-se como exemplo a Associação Brasileira de Empresas de Limpeza Pública e Resíduos Especiais (Abrelpe), ou a Associação

Brasileira de Empresas de Tratamento de Resíduos (Abetre). Elas congregam empresas que fornecem serviços de recolhimento de lixo, aterros sanitários, dentre outros, para as prefeituras. Sabe-se, e também não há nada de estranho nisso, que a mudança de governo implica muitas vezes em mudança de fornecedores. O candidato de oposição, caso seja vitorioso em uma determinada eleição, vai renovar (ou não) alguns contratos. Pois bem, em face disso, as empresas precisam minimizar seus riscos. Por isso, prever eleições é tão importante. Por isso, associar-se é tão importante.

Tudo isso tem a ver com algo maior e mais importante ainda. Na medida em que o nosso capitalismo amadurece, diminui o espaço para a magia e aumenta o terreno da racionalidade. Mágica, em eleição, é o que muitos marqueteiros prometem ao mudar os óculos utilizados há muitos anos pelo candidato. Isso não altera os 10% de chances de derrota de um candidato que enfrente um prefeito em busca da reeleição cuja avaliação positiva é maior ou igual a 60%.

Há um Brasil velho, mágico, pré-capitalista, pré-IPOs, que não valoriza a transparência, que não se importa muito com a falta de previsibilidade, que convive com uma nova sociedade, capitalista, ávida por transparência e previsibilidade, que não tem medo nem vergonha de "ganhar dinheiro", essa expressão tão detestada pela mentalidade ibérica e portuguesa que se instalou com toda a força no Brasil após a chegada em 1808 de uma das mais reacionárias cortes europeias. Não são poucas as dores do parto de uma nova sociedade. Dores e conflitos.

A previsibilidade das eleições permite afirmar que prefeitos mal avaliados, com no máximo 40% de aprovação, têm apenas aproximadamente 30% de chances de eleger o seu sucessor e também de serem reeleitos. Que isso sirva de aviso para aqueles que acreditam em outro tipo de mágica: aquela na qual pode-se passar anos e anos fazendo um governo sofrível e reverter a situação na reta final das eleições mobilizando-se a máquina governamental.

Que máquina que nada. Há os que creem no milagre e na mágica da máquina. Que a máquina pode tudo. Depende. Uma máquina bem avaliada é um avião voando alto em céu de brigadeiro na velocidade de cruzeiro. Uma máquina mal avaliada é um navio à deriva em uma tempestade, prestes a afundar. Não há máquina em abstrato. Do contrário, despreza-se a cabeça do eleitor. Esta sim, o fator determinante em cada eleição.

Disputar uma eleição é equivalente a pedir um emprego. O candidato se apresenta ao eleitorado, mostra seu currículo e promete resolver algum problema no futuro. Prefeitos mal avaliados têm problemas sérios em seus currículos. Prefeitos bem avaliados podem prometer, porque a população vai acreditar nas promessas. Imagine uma pessoa que é contratada por uma empresa para alterar processos de produção e, assim, elevar a rentabilidade. Se ela mostrar em seu currículo que já fez isso com sucesso no passado, a promessa de que o fará novamente é extremamente crível.

Rodamos, rodamos e voltamos ao tema da previsibilidade. O eleitor poderá prever, probabilisticamente, que bons administradores no passado tenderão também a ser bons administradores no presente e no futuro.

## O Lula não lê, e daí?

Certamente, em um aspecto relevante, o ex-presidente Lula foi um fiel representante do povo brasileiro: ele não lia. Como declarou em entrevista ao jornalista Mário Sérgio Conti, publicada pela revista *Piauí*, não era a falta de tempo que o impedia de ler; segundo o próprio, então mandatário máximo da nação, a leitura não era necessária para quem, como ele, conversava diariamente com inúmeras pessoas. Todos nós somos, em grande medida, produtos do meio em que vivemos. Lula não é diferente. Ao ser eleito presidente, ele não se transformou da água para o vinho, ao menos pessoalmente. A grande massa dos brasileiros não foi educada para gostar de ler. Orgulhamo-nos de sermos uma mistura do branco europeu (português) com o índio e o negro. Nos três casos, culturas fundamentalmente orais.

Se deveríamos ter alguma esperança de menos oralidade, ela adviria da terra de Camões e Fernando Pessoa. Portugal sempre foi, em termos de escolarização, um dos países mais atrasados da Europa, ao lado da Espanha. Nos dois casos, a herança católica foi fundamental. Quanto mais fervoroso é o catolicismo, menos escolarizado é o rebanho. Até hoje, o interior do Nordeste, onde fica a Garanhuns de Lula, é a região mais católica do Brasil e a que apresenta os menores índices de escolarização. Pode-se matizar o efeito da região afirmando-se que Lula migrou muito cedo para o Sul Maravilha. Sem dúvida que isso teve impacto na sua formação, mas também teve impacto o histórico familiar. Uma família cuja herança religiosa e escolar não viria a contribuir para que o futuro presidente do Brasil gostasse de ler.

Nos Estados Unidos, em 1810, a população branca totalizava 5.862.004 habitantes. No mesmo ano havia 359 jornais com uma circulação de 22.321.700 exemplares. Isso significava que havia 3,81 exemplares de jornais para cada habitante branco. A população e a circulação de jornais continuaram crescendo, a segunda mais rápido que a primeira. Quarenta anos mais tarde, em 1850, a população branca era de pouco mais de 19 milhões e 500 mil habitantes. A circulação de jornais aumentou para 426.409.978, o que dava 21,81 exemplares para cada pessoa. A tradição norte-americana é menos oral e mais escrita. A brasileira é mais oral e menos escrita. Barack Obama, o Lula norte-americano, era professor da universidade que tem a maior quantidade de prêmios Nobel, a universidade de Chicago. Lula veio do sindicalismo. A biblioteca do Congresso norte-americano é a maior biblioteca do mundo, o Brasil é o país onde o *Big Brother* mais faz sucesso. Novelas não há lá como cá, mas elas existem e fazem muito sucesso em Portugal.

As tradições são diferentes, mas estão aí para serem mantidas ou alteradas. As críticas e os elogios feitos a Lula enquanto ele era presidente foram muitos e variados. Houve quem dissesse que nunca neste país se fizera tanto pelos pobres quanto em seu governo: por outro lado, outros consideravam que estávamos diante de um governo cuja prática da mentira era completamente disseminada. Quanto a isso, o exemplo mais invocado sempre foi o do mensalão. Lula negou com veemência saber que seu principal auxiliar à época, José Dirceu, coordenava um esquema de compra de votos no Parlamento brasileiro. Nunca saberemos se Lula sabia ou não, temos que acreditar no que ele disse, como acreditamos na entrevista em que ele afirmou que não lia porque sentia azia. Aliás, aqui até caberia um mentirinha, uma *white lie,* como dizem os americanos: Lula poderia ter dito que lia com frequência e que o seu exemplo deveria ser seguido pelo povo brasileiro.

Lula é produto do meio, mas também age sobre ele. Quando exerceu o cargo de presidente, poderia ter servido de exemplo para seu povo no quesito leitura. O presidente ou primeiro-ministro de um país é um líder. Ele serve de exemplo para várias gerações de compatriotas que ele governa. Para pessoas como eu, que dependem muito da leitura para se aperfeiçoar, é lastimável ver que, por oito anos, tivemos um presidente que não fez a menor questão de liderar o povo brasileiro no esforço de se instruir e ler mais. Dirão os defensores do governo que nunca se fez tanto pela educação brasileira quanto foi feito em seu governo. Pode até ser verdade, mas isso não excluía o exemplo presidencial. Não excluía a possibilidade de o presidente declarar, sem precisar necessariamente mentir, que acompanhava com frequência o noticiário da imprensa.

Aprendi com os meus colegas antropólogos que a socialização de cada um de nós molda até mesmo os pequenos detalhes de nosso comportamento. Sugiro ao leitor que considere esse ensinamento antropológico ao ver alguém que nunca pegou em um livro manuseá-lo pela primeira vez. Simplesmente, a pessoa não sabe o que fazer com o livro, não sabe por onde começar, como lidar com as páginas, etc. Recentemente, em um voo doméstico, vi uma pessoa forçando a porta da cabine do piloto pensando que era o banheiro. Como no exemplo do livro, essa pessoa provavelmente nunca havia voado antes. Uma vez, fui comer pamonha com um alemão que eu recebera no Brasil. Ao pegar a pamonha, ele a mordeu imediatamente, sem saber que antes era necessário retirar a palha do milho. Aquele que sabe onde fica o banheiro do avião e também como comer a pamonha tende a rir das pessoas que forçam a porta do piloto ou que mordem a palha do milho. Aqueles que costumam ler vários livros por ano, ler jornais e revistas não vão rir da declaração de Lula, mas chorar.

Ler é algo trabalhoso e cansativo, não há dúvida quanto a isso. Como qualquer coisa na vida, ler exige treinamento. Uma criança recém-alfabetizada pode facilmente adquirir o hábito da leitura e nunca mais abandoná-lo por toda a vida. Ela foi treinada na hora certa. As pessoas que tiveram a trajetória de Lula na mesma época em que ele foi socializado dificilmente foram incentivadas a adquirir esse hábito. Isso isenta Lula de responsabilidade quanto a gostar ou não de ler. Minha sogra é descendente de alemães e foi criada no interior de Santa Catarina. Camponesa na origem, do Vale do Itajaí, mais precisamente de Rio do Sul, sua escolaridade é muito semelhante à de Lula. No Natal de 2008, meu filho pediu a Papai Noel um livro, o livro dos recordes da Cervejaria Guiness. Minha sogra se interessou e leu várias partes do livro. Ela é de formação luterana, Lula é católico.

Na entrevista à *Piauí*, Lula disse mais, que a imprensa não merecia ser lida porque tratava muito mal o seu governo. Foi além e afirmou que a TV pública poderia contribuir para a ampliação do debate político no Brasil e que as discussões sobre economia nas TVs não públicas dispensavam professores universitários como Maria da Conceição Tavares e veiculavam apenas as opiniões dos economistas do mercado financeiro. O ex-presidente acredita nas mudanças de cima para baixo. Faça-se uma TV pública (preferencialmente sob o controle de seu governo), e o nível do debate será mais elevado. Nada disso. Quem eleva o nível do debate não são as emissoras, mas os receptores. Muito mais efetivo e louvável para aumentar a qualidade do debate sobre política e economia será elevar o nível educacional da população brasileira, será treinar os brasileiros no hábito da leitura.

A intervenção mágica, de fundação de uma TV pública em nada vai alterar a pauta de nossas emissoras. O *Big Brother Brasil* não vai morrer de morte matada, mas de morte morrida. Há em curso no Brasil um lento processo de erosão da audiência das novelas. Isso se deve a vários fatores. Muitos mencionarão a internet, mas um deles, de efeito lento e prolongado, é a perda de força da oralidade por meio do aumento da escolarização e da leitura. Quanto mais leitores existirem, menos audiência haverá para novelas e *Big Brothers* da vida. Ou melhor, menor será a repercussão de programas que dependem da tradição oral para que tenham sucesso. A opção por uma TV pública revela uma crença em soluções mágicas, algo típico das pessoas que têm escolaridade mais baixa. Perde-se o emprego, faz-se promessa para conseguir outro, ou pede-se ao prefeito que abra novos concursos públicos. Trata-se de uma saída mágica, que não é baseada na solução racional e sistemática. Considera-se que o debate da TV brasileira é de baixo nível, e isso serve de justificativa para criar uma TV pública na qual são depositadas as esperanças de uma elevação do nível das discussões. Medida inócua. Vamos ler, pessoal, vamos ler.

# Quem controla os municípios no Brasil

O Brasil tem mais de 5.500 municípios. Existem municípios de todos os tamanhos e para todos os gostos. Dessa forma, todos os grandes partidos políticos podem encontrar razões para se considerarem mais fortes junto ao poder municipal. O PMDB pode afirmar que é ele quem controla os municípios, porque tem mais prefeituras e capitais importantes em várias regiões do Brasil. O PSDB pode argumentar o mesmo, porque vem mantendo nos últimos anos mais ou menos a mesma proporção de prefeitos, sempre conquista cidades importantes em várias regiões e, apesar de ser oposição a um governo popular há mais de oito anos, não sofreu com a suposta (porém, nunca provada) transferência de votos de um mandatário máximo popular para seus candidatos. O DEM, apesar de vir sofrendo uma sensível redução do número de prefeituras, conquistou em 2008 o maior e mais importante município do Brasil: São Paulo. O PT também pode se considerar o principal partido municipalista, porque na última eleição foi quem teve mais votos e ampliou a quantidade de eleitores governados por políticos do partido. Ah, o PP também pode entrar nesse time de elite: é hoje o quarto maior partido em número de prefeituras.

Se listarmos todos os partidos políticos, poderemos, considerando-se os municípios, afirmar que todos têm razões para se considerarem a principal força municipalista. Afinal, são milhares de municípios. É como coração de mãe, sempre cabe mais um. Mas tudo tem dois lados: se todos podem se considerar o mais forte, também é possível chegar-se à conclusão oposta: todos são fracos quando se trata de municípios.

O PMDB não parece ser um partido forte quando se trata de eleição municipal, mas sim no período entre eleições. Em 2004, o prefeito eleito de Porto Alegre era do PPS, mudou de partido e se reelegeu pelo PMDB. O mesmo vale para o prefeito reeleito de Florianópolis em 2008, que chegou pela primeira vez ao cargo quando era do PSDB. Em Salvador, João Henrique foi eleito pelo PDT. Em 2008, essas três vitórias caíram na conta do PMDB, essas e muitas outras Brasil afora. Na Bahia, por exemplo, mais de 100 prefeitos do DEM em 2004 eram do PMDB em 2008. Os que foram reeleitos entraram na conta de vitórias peemedebistas. Quanto ao PT, a votação mudou muito de natureza: em 2004, ele teve proporcionalmente mais votos junto à classe média do que em 2008. Isso foi causado por dois acontecimentos: o mensalão e as políticas sociais que mostraram a todos que a prioridade do PT são os pobres. Essa mudança no perfil dos eleitores petistas impediu o partido de conquistar em 2008 uma mísera capital no Sul e no Sudeste, com exceção de Vitória. Considerando-se somente as capitais, o PT venceu onde a escolaridade média do eleitor é mais baixa. Isso pode cair na conta de sua fraqueza eleitoral municipal.

Com mais de 5.500 municípios, repito e enfatizo, todos os partidos podem ganhar ou perder, todos têm um lado forte e outro fraco. Tem sido assim a cada eleição municipal. Para ser realmente o vencedor em eleições municipais, um partido teria que obter muitas coisas ao mesmo tempo: aumentar o número de prefeituras conquistadas, vencer em várias capitais importantes, ganhar em São Paulo, não perder os eleitores da eleição anterior e ainda conquistar eleitores novos, conquistar cidades estratégicas na maioria dos estados. Ninguém foi capaz até hoje de fazer isso.

Na evolução recente da política brasileira, talvez estas sejam perguntas mais difíceis de responder: O que as eleições municipais nos têm dito? Essa evolução histórica permite detectar vencedores e perdedores?

Os dados mostram que entre 1988 e 2008, num intervalo de 20 anos, portanto, os dois partidos que mais perderam como proporção do total de prefeituras foram o PMDB e o DEM/PFL. Em 1988 o PMDB controlava quase 38% dos municípios brasileiros. Hoje, esse percentual está em torno de 22%. A redução é de 42%. Também há 20 anos o DEM controlava mais prefeituras: praticamente 25% do total. Atualmente, os Democratas têm pouco menos de 10% das prefeituras. Isso equivale a uma redução de cerca de 62%. Do lado vencedor da moeda estão o PSDB, o PT e os demais partidos. Entre 1988 e 1996, a perda de prefeituras do DEM e do PMDB ocorreu em benefício do PSDB. Nesse período, a participação percentual do PT aumentou muito pouco. Depois de experimentar a estabilidade entre 1996 e 2000, o DEM voltou a perder prefeituras nas últimas duas eleições, justamente aquelas nas quais aumentaram as proporções de prefeitos do PT e dos demais partidos.

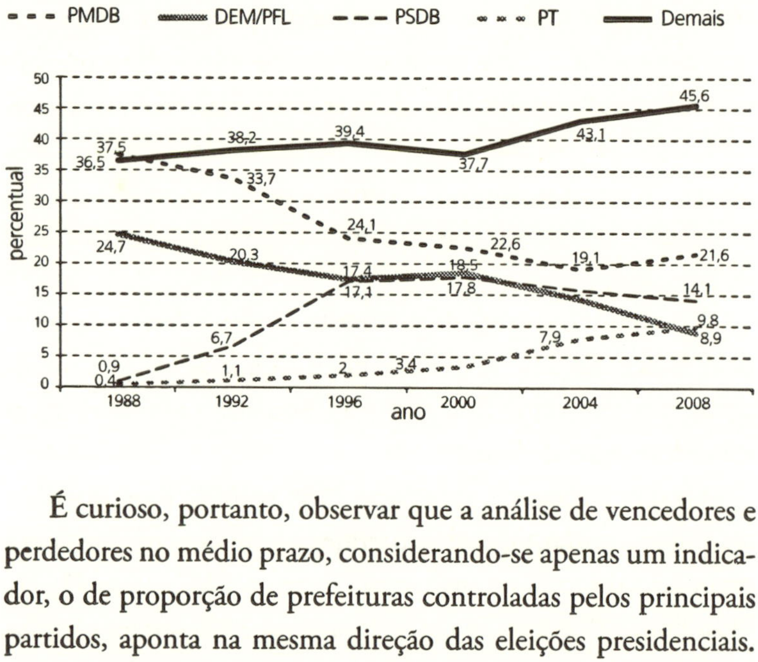


É curioso, portanto, observar que a análise de vencedores e perdedores no médio prazo, considerando-se apenas um indicador, o de proporção de prefeituras controladas pelos principais partidos, aponta na mesma direção das eleições presidenciais. Neste mesmo período, com exceção de Collor, os candidatos a presidente mais competitivos foram do PSDB e do PT. Em cinco períodos de presidentes eleitos, o PSDB venceu dois com FH, e o PT dois com Lula. Isso não quer dizer que exista correlação entre os dois votos. E de fato não há. Os dados são todos públicos. Quem fizer uma análise estatística para conferir se há relação entre o voto para prefeito e o voto para presidente (e vice-versa) não encontrará relação alguma: nem o voto para prefeito tem impacto no voto presidencial nem o oposto.

O forte crescimento do PSDB entre 1988 e 1996 se deveu em grande medida ao fato de o então presidente ser do PSDB. O poder executivo da União e dos governos estaduais exerce uma enorme força gravitacional: muitos prefeitos preferem mudar de partido, para o do governador ou do presidente. Com isso, eles têm acesso facilitado a vários tipos de recursos, o que lhes possibilita realizar suas promessas de campanha. O mesmo fenômeno vem acontecendo recentemente. A perda de prefeitos dos Democratas tem a ver com a perda de governos estaduais. O único governador do DEM entre 2006 e 2010 era do Distrito Federal, e por isso não havia nenhuma prefeitura em sua área de ação. O PT saiu de três para cinco governadores entre 2002 e 2006, e isso explica em grande medida o crescimento do partido na eleição municipal de 2008.

A grande questão é sobre o que ocorrerá no futuro. E essa questão tem muito a ver com a capacidade do PT de continuar crescendo. O PSDB tem mantido o controle de aproximadamente 15% das prefeituras, com ou sem a presidência da república. Nesse sentido, o PSDB não foi derrotado em 2008. Há também os governos estaduais. É aí que se encontra a grande chave das eleições municipais. Quanto mais governadores se consegue eleger, preferencialmente de estados que têm mais municípios, maior será o número de prefeitos nas eleições seguintes. A estabilidade do PSDB tem a ver com a estabilidade do número de governadores que o partido tem elegido nos últimos pleitos. Aliás, o crescimento recente do PMDB e do PT tem a ver com isso, assim como a queda do DEM em 2008.

# Estatístico entende de amostra, não necessariamente de pesquisa

Estatístico sabe fazer amostra, mas não necessariamente fazer pesquisa. Aliás, além de amostra, os estatísticos sabem fazer com mestria a modelagem estatística da análise de dados. Assim, eles entram no início e no final de uma pesquisa, mas não foram treinados para fazer o que está no meio da pesquisa: a elaboração do questionário, a condução e o controle do trabalho de campo, a metodologia da coleta de dados, e outras coisas tão relevantes, ou mais, do que a amostra.

Digo isso em função do conteúdo do meu livro *Erros nas pesquisas eleitorais e de opinião* (Editora Record). Alto lá para aqueles que esperam encontrar nas 190 páginas do livro denúncias acerca de pesquisas erradas. Nada disso. O livro trata do erro não amostral. Esse tipo de erro está longe de ser estudado e debatido no Brasil. O mundo das pesquisas do Brasil de hoje, em particular das pesquisas eleitorais, está sob o primado dos estatísticos.

Curioso o nosso querido Brasil. Trata-se, ainda e infelizmente, do país dos cartórios. Anos atrás foi criada uma legislação que passou a obrigar os institutos e as empresas que fazem pesquisas em ano eleitoral a registrar a pesquisa junto aos tribunais eleitorais pertinentes. No início, o registro era extremamente simples. Consistia em informações sobre a amostra, o questionário, a data de realização da pesquisa, além de alguns dados básicos e relevantes. Ademais, tal registro era obrigatório a partir de uma determinada época do ano que, se não me falha a memória, coincidia com o início oficial da campanha eleitoral.

A mentalidade do cartório é acima de tudo a mentalidade da desconfiança combinada com a incapacidade de punir aqueles que burlam a lei. Reconhece-se firma porque se desconfia que a firma não é de quem assina. Eis a desconfiança. Se não houvesse o reconhecimento de firma, qualquer um poderia falsificar uma assinatura. Se isso fosse feito, não haveria punição. O resultado é que precisamos de cartório. Dizem alguns que só existe cartório em dois países, Brasil e Portugal. O registro da pesquisa, que era obrigatório a partir do meio do ano aproximadamente, tornou-se obrigatório a partir de 1º de janeiro do ano eleitoral. Estendido o período de desconfiança.

Mais recentemente, qualquer um que deseje registrar uma pesquisa eleitoral precisa de um estatístico com registro no CONRE, que é o órgão que regula a profissão. Ops, profissão regulada, eis mais uma instituição de espírito francamente cartorial. Ainda bem que acabou a obrigatoriedade de diploma para jornalista. Quem dera isso servisse de exemplo para todas as profissões. Quem regula as profissões em um mundo livre, aberto e competitivo não são as leis, mas o mercado. Quem regula as pesquisas não são os legisladores, mas o mercado de institutos. É curioso que a nossa regulação tenha assumido recentemente que o estatístico (devidamente regulado) exerce o primado sobre as pesquisas. Essa decisão de nossos legisladores está baseada em um conhecimento muito parcial e uma ignorância muito geral: a de que as pesquisas sofrem apenas de um tipo de erro, o erro amostral.

O erro amostral é aquele com o qual todos nós estamos familiarizados. Toda pesquisa eleitoral divulgada apresenta os tais pontos percentuais para cima e para baixo. Diz-se, por exemplo, que o erro da pesquisa é de mais ou menos três pontos percentuais. Isso significa que ao percentual de cada candidato devem ser acrescidos mais três e menos três pontos. É nessa faixa que o candidato realmente está.

O meu livro *Erros nas pesquisas eleitorais e de opinião* trata apenas de erros que não são amostrais. Erro não amostral é um termo técnico que significa erro de medição que não depende dos tais três, quatro ou cinco pontos percentuais para cima e para baixo. Um exemplo concreto extraído do livro (capítulo 4) diz respeito a uma medição que frequentemente é realizada no Brasil, baseada na seguinte pergunta: você se considera uma pessoa de esquerda ou de direita? Há inúmeras teses de mestrado e doutorado que utilizam a escala esquerda-direita para explicar o voto em Lula e em seus opositores. Eu mesmo já participei da banca de algumas de tais teses.

Trata-se de uma medição problemática. Isso ocorre não por causa do chavão contemporâneo, aquele que diz que esquerda e direita não importam mais, que esquerda e direita acabaram. Nada disso. A medição e a utilização desse conceito no Brasil é equivocada porque aqueles que as realizaram não se perguntaram, em nenhum momento, o que o nosso eleitorado acha que é ser de esquerda ou ser de direita. Eu mostro no livro que isso depende da escolaridade do eleitor. Aqueles mais escolarizados acham que ser de esquerda é querer uma presença maior do estado na economia, e ser de direita é o inverso disso. O eleitorado menos escolarizado, porém, considera que ser de direita é ser do governo, e ser de esquerda é ser de oposição. Pergunto, é possível misturar estas duas concepções em uma medição só? O livro mostra que não. Justamente por causa desse erro não amostral é que a medição de esquerda e direita não funciona, por enquanto, no Brasil. Trata-se de um assunto extremamente relevante em uma pesquisa eleitoral que foge completamente da alçada dos estatísticos.

Um dos erros de pesquisas mais conhecidos mundialmente aconteceu nas eleições britânicas de 1992. No dia 1º de abril daquele ano, a Bolsa de Valores se esvaiu em seis bilhões de libras em valores da época. Isso aconteceu porque todos os institutos de pesquisa previram a vitória dos trabalhistas. Para felicidade do mercado, os conservadores acabaram vencendo com John Major. Eles foram para seu quarto mandato consecutivo, depois de três mandatos de Mrs. Thatcher. A Market Research Society realizou um estudo sobre aquele fenômeno e concluiu que todas as fontes de erro foram não amostrais: desenho da amostra (apesar do nome é um erro não amostral), recusa dos entrevistados em responder às pesquisas, comparecimento eleitoral diferenciado por região do país etc. Um fator de grande peso foi a recusa em responder às pesquisas. Aqueles que mais fizeram isso foram as pessoas mais velhas, com perfil conservador. Os mais jovens e trabalhistas tendiam a responder com entusiasmo. Além disso, como votar não é obrigatório na Grã-Bretanha, as pesquisas precisam estimar o comparecimento eleitoral, que, em 1992, foi maior junto aos conservadores do que aos trabalhistas. O resultado final desse somatório de erros foi que as pesquisas erraram feio. Se fosse no Brasil, nem mesmo os registros de pesquisas devidamente assinados por estatísticos regulamentados teriam levado ao acerto.

Não há profissão ou atividade isenta de erro. No caso das pesquisas, isso é inerente à sua realização. Pesquisa erra e ponto final. Aliás, falo aqui somente das pesquisas bem-feitas (não discuto má-fé, pois isso não é um assunto científico, mas jurídico). Não por acaso, existe uma enorme literatura em língua inglesa que trata dos mais diversos tipos de erros não amostrais. A primeira medida para diminuir e controlar os erros é reconhecê-los. É justamente por isso que existe essa enorme literatura especializada.

O mais interessante é que o nosso subdesenvolvimento, do qual lentamente estamos saindo, é um fenômeno sistêmico. Ele está presente em praticamente todas as áreas de nossa sociedade, inclusive na sua mentalidade. A importância dada ao erro das pesquisas no Brasil assume proporções inimagináveis em comparação com os Estados Unidos ou a Europa. Excetuando-se o caso mencionado da Grã-Bretanha de 1992, não chegam notícias ao Brasil de erros de pesquisas nos Estados Unidos ou na Europa. Por que será? Certamente não é porque as pesquisas não errem. Só aqui no Brasil alguns ainda acreditam que isso ocorra. É porque lá ninguém realmente acredita que a pesquisa induza o voto. Portanto, elas podem errar à vontade. No Brasil, há uma guerra ferrenha por cada ponto percentual que um candidato sobe ou desce, como se isso fosse definir seu destino, ganhar ou perder. Esse fenômeno tem, do outro lado da moeda, estatísticos especializados não só na margem de erro, mas também em afirmar que as pesquisas não erram jamais, que quem erra é o eleitor, que sempre muda de voto na última hora. Como sempre, coitado do eleitor.

# Erros nas pesquisas eleitorais e de opinião

Ao lançar o meu livro *Erros nas pesquisas eleitorais e de opinião* (Editora Record), fiquei muito impressionado com a expectativa de deputados, senadores e políticos de um modo geral. Todos eles imaginavam um livro repleto de denúncias acerca de erros de pesquisas que os tivessem prejudicado, na maioria das vezes, em eleições majoritárias, mas não apenas. A expectativa dos políticos foi motivada, entre outras coisas, pelo título do livro. Como qualquer título, presta-se a mais de uma interpretação. No presente caso, serve à interpretação técnica e também à política. Como bons políticos, a expectativa deles, em que pese o conteúdo técnico do livro, foi política.

Há um sem-número de episódios nos quais as pesquisas ficaram fragorosamente distantes do resultado eleitoral. Muitas delas, bem próximas do dia da eleição. Em alguns casos, o erro das pesquisas resultou em processos na Justiça. A maior parte de tais processos é inócua. Os institutos processados alegam que houve uma mudança de voto no eleitorado. Mudança de última hora. Há estatísticos que, infelizmente, se especializaram em responsabilizar o eleitorado pelos erros das pesquisas. Triste destino de tais estatísticos. Foram treinados para lidar com amostra, margens de erro e análise de dados, e, nessas ocasiões, têm que culpar o eleitorado pelo incompreensível. Há argumentos, sem base empírica, de que no nível municipal a mudança pode acontecer da noite para o dia. Deve ser complementado que em geral isso acontece em municípios pouco visíveis nacionalmente.

Não vou tratar aqui do aspecto ético ou jurídico dos supostos erros das pesquisas. Apenas uma palavra sobre isso. Se há alguma má-fé, isso significa que um instituto de pesquisa faz a pesquisa corretamente, mas divulga o resultado que convém a algum interessado. Isso acontece? Ninguém sabe. Caso realmente aconteça, há um interessado que solicita ao instituto a mudança do dado, o contratante, e há quem faça a mudança do dado, que é o instituto de pesquisa. Esse interessado, caso exista, pertence ao mundo político. A grande dificuldade, nessa e em outras denúncias é que no Brasil não há políticos condenados por crime algum. Ou melhor, alguns poucos podem estar condenados, mas ninguém jamais foi ou ficou preso. Maluf atrás das grades é uma exceção. É alegria de pobre, dura pouco. No caso dos políticos, há muitos processados, poucos condenados e nenhum preso.

Voltando à questão técnica das pesquisas, cumpre aqui fazer um breve resumo do conteúdo do primeiro capítulo do livro *Erros nas pesquisas eleitorais e de opinião*. Nele, utilizei a noção de discrepância com o intuito de comparar o desempenho das pesquisas. Discrepância não é erro amostral. Foram analisadas 562 pesquisas publicadas. Em cada uma delas, foi medida a distância entre a pesquisa e o resultado eleitoral. Por exemplo, em 1998, no Ceará, um dia antes da eleição, uma pesquisa indicou que Tasso Jereissati teria 13 pontos percentuais a mais do que acabou tendo nas urnas. Na pesquisa, o segundo colocado ficou cinco pontos percentuais acima e o terceiro colocado, quatro pontos percentuais abaixo nas urnas. Os resultados dos "sem candidato", que incluem, na pesquisa, brancos, nulos e indecisos, e nas urnas apenas os brancos e nulos ficaram muito diferentes: 9% na pesquisa e 24% nas urnas. Uma diferença de 15 pontos percentuais. Desprezando-se o sinal de positivo e negativo, e somando-se tudo, tem-se que a discrepância dessa pesquisa em relação ao resultado foi de 37 pontos percentuais.

A análise de mais de 500 pesquisas e os respectivos resultados eleitorais revelam uma importante descoberta: há um padrão de erro, que é subestimar os brancos e nulos e superestimar o percentual do primeiro colocado, independentemente de sua coloração partidária. Por exemplo, na eleição em que o esquerdista Miguel Arraes disputou e venceu em Pernambuco, ele também foi superestimado pelas pesquisas. Os votos brancos e nulos, apesar de não serem considerados pela legislação eleitoral votos válidos, são importantes do ponto de vista científico. No jargão técnico, eles são um parâmetro a ser estimado por uma pesquisa, assim como são parâmetros as votações dos candidatos.

A análise revela três erros não amostrais sistemáticos. O primeiro é que o candidato primeiro colocado é superestimado pelas pesquisas. Em 65% das pesquisas, o candidato primeiro colocado ficou com um percentual mais elevado do que obtido nas urnas, foi, portanto, superestimado pelas pesquisas. Em 28% das pesquisas, o primeiro colocado foi subestimado. E em 7% das pesquisas o percentual do primeiro cravou o percentual de votos. O segundo erro sistemático é que o candidato segundo colocado é subestimado pelas pesquisas. Em 50% das pesquisas, o candidato segundo colocado ficou com um percentual menor do que o obtido nas urnas. Em 40% das pesquisas, o segundo colocado foi superestimado, e em 10% das pesquisas o percentual do segundo cravou o percentual de votos. Por fim, o terceiro erro sistemático é que a proporção de brancos e nulos é subestimada pelas pesquisas. Em 49% das pesquisas, a proporção de votos brancos e nulos encontrada nas urnas foi subestimada pelos resultados das pesquisas. Em 46% das pesquisas, essa proporção foi superestimada, e 5% das pesquisas cravaram o branco e nulo nas urnas.

Esses erros têm uma explicação que é politicamente incorreta: as pesquisas estão mais certas do que as urnas! Os erros são maiores nos estados e cidades onde a escolaridade é mais baixa. Isso indica algo muito simples: as pessoas de escolaridade mais baixa, ao responderem a uma pesquisa de opinião, declaram, em sua maioria, preferência pelo primeiro colocado. Porém, no momento de votar, erram e acabam ou anulando o voto ou votando em branco.

O Nordeste é a região onde os institutos de pesquisas têm mais problemas. Na média, pesquisas feitas em cidades ou estados nordestinos apresentam uma discrepância de 22 pontos percentuais. Essa discrepância cai para 16 pontos percentuais no Sudeste e no Norte, e 15 pontos percentuais no Centro-Oeste e no Sul. É no Nordeste que estão os mais pobres e, não coincidentemente, os menos escolarizados. É também no Nordeste onde o PIB é menor e os votos brancos e nulos são mais numerosos. A informação acerca dos estados somente reforça essa conclusão. Dos dez estados com maior discrepância, sete são do Nordeste; os outros são Tocantins, Pará e Rondônia. Em 2006, no primeiro turno no Maranhão, Roseana Sarney teve mais votos nas pesquisas de prognóstico do que nas eleições. Ela era, na ocasião, a candidata primeira colocada.

Quando as pesquisas são avaliadas no passar do tempo, nota-se que ficaram mais precisas. Isso vale tanto nas eleições para senador e governador quanto nas eleições municipais. Entre 1990 e 1998, a discrepância das pesquisas que tinham como área geográfica de realização os estados variou em torno de 20 pontos percentuais. Essa discrepância caiu para 14 em 2002. Nas eleições municipais, essa melhora foi de 17 em 1996 para 14 em 2000. As discrepâncias diminuíram em função da informatização do voto. Em que pese a indignação dos opositores da urna eletrônica, ela contribuiu para que o voto na urna ficasse mais próximo do voto declarado na pesquisa. Nas eleições que antecederam a completa informatização, a discrepância das pesquisas foi de 22 pontos percentuais. Já sob o pleno uso da máquina de votar, as pesquisas passaram a apresentar uma discrepância bem menor, de 15 pontos percentuais.

O grande feito da urna eletrônica foi contribuir para diminuir a proporção de votos brancos e nulos. As pessoas de pouca escolaridade que tiveram a chance de escrever seu voto no papel sabem como isso era difícil. Os fiscais de apuração de todos os partidos cansaram de ver votos anulados porque o eleitor escrevia o voto no lugar errado: o nome do deputado estadual onde deveria haver um xis para governador, um xis para presidente ou governador no lugar em que deveria haver o nome ou o número do deputado federal, e assim por diante. A urna eletrônica — e a "colinha" com o número dos candidatos — reduziu de maneira significativa a proporção de brancos e nulos. A redução do erro não amostral não foi, portanto, mérito dos institutos de pesquisa, mas sim consequência não antecipada da adoção da urna eletrônica.

# O amigo da onça na eleição

A CNBB e a OAB vêm de longa data trabalhando juntas no combate à corrupção eleitoral no Brasil. Em 2000, as duas entidades conseguiram que o nosso legislativo aprovasse a Lei n° 9.840, cuja finalidade era punir a compra de votos e o uso da máquina pública nas eleições. Trata-se de um fato extremamente louvável; essa lei é hoje o principal instrumento jurídico para que os políticos e partidos se controlem mutuamente e coíbam a compra de votos. A grande questão no Brasil, como sempre, é se a lei pega ou não pega.

Uma lei que pega é aquela que obtém a aceitação da população: nós, brasileiros adultos, cientes da importância de uma nova legislação, decidimos de livre e espontânea vontade seguir a lei. É nessas situações que o legislador se torna um sábio leitor da vontade popular. Os anglo-saxões são os grandes mestres do direito costumeiro. Foi na Inglaterra que floresceu a doutrina que transforma o costume em lei. A Grã-Bretanha não tem uma constituição escrita. Lá vale o precedente. O estudante de direito norte-americano é formado estudando filosofia do direito e os precedentes. O estudante brasileiro é formado lendo e estudando a lei positiva, nossos inúmeros códigos legais. É muito comum nos filmes norte-americanos envolvendo julgamento que os advogados consultem enormes compêndios que sintetizam os precedentes em casos semelhantes àquele que está sendo julgado. Nossos filmes não tratam de julgamentos; se o fizessem, mostrariam os advogados consultando as leis escritas.

O direito costumeiro é apenas um lado da moeda. A lei existe também para prescrever que o mundo seja desse ou daquele jeito. Antes, no Brasil, poucos se utilizavam do cinto de segurança. Hoje é uma prática muito disseminada, graças não apenas às campanhas de conscientização, mas também à expectativa de repressão. Qualquer lei aprovada em qualquer país do mundo demanda algum grau de fiscalização. Há sempre a mão do aparato judiciário para fazer valer a lei. Na realidade, seguir a lei tem a ver com o costume, e aplicá-la tem a ver com a repressão. Aprovada uma lei, espera-se que a grande maioria a siga. Aqueles que não o fizerem serão punidos por isso. Eis os dois lados da moeda.

Quando dizemos que uma lei não pega, estamos simplesmente afirmando que não houve adesão da maior parte da população. Mas nos esquecemos de dizer que o aparato repressivo não agiu para impor a lei. E isso não é algo trivial: envolve custos. É aqui que as diferenças entre nós, brasileiros, e eles, anglo-saxões, afloram com grande força. A nossa matriz é católica; a deles, protestante. No catolicismo, existe perdão dos pecados, no protestantismo não. De acordo com a fé católica, o pecado pode ser absolvido com o arrependimento genuíno. Há um ritual que representa esse arrependimento: vai-se à igreja, ajoelha-se em um confessionário, contam-se ao padre os pecados e o padre recomenda uma penitência. Em geral, essa penitência se manifesta concretamente em rezar um determinado número de pai-nossos e ave-marias. Feito isso, o crente católico está livre do pecado. Fiz isso várias vezes em minha infância e adolescência. Toda criança que faz primeira comunhão no catolicismo tem que se confessar antes de pela primeira vez comungar do corpo e do sangue de Jesus Cristo.

As crianças inglesas e norte-americanas nunca fizeram isso. Nem as crianças nem os adultos. Não há confissão dos pecados, não há a instituição denominada perdão dos pecados. Então, o que fazer? É simples: não pecar. Os peregrinos que deixaram a Inglaterra para se fixar no Novo Mundo consideravam que a maneira mais eficaz de se evitar o pecado era a educação. É parte da doutrina dos congregacionistas a consideração de que as pessoas menos escolarizadas estão mais sujeitas às tentações de Satanás do que as pessoas mais educadas. Resultado: faça-se um ensino público de qualidade para todas as crianças, e quando eles se tornarem adultos serão responsáveis e não pecarão. Ainda assim, no entanto, quando alguém peca não é perdoado, é punido. É assim que funciona no mundo saxão. Esse foi um, entre inúmeros, dos elos entre a religião e o sistema jurídico norte-americano. Fundou-se uma sociedade civil e laica nos alicerces da religião protestante.

Numa sociedade bem educada e sem perdão dos pecados, a repressão que visa fazer valer a lei é menos cara do que em uma sociedade menos escolarizada e com perdão dos pecados. Em economês: os custos da repressão são maiores no Brasil do que nos Estados Unidos. No Brasil, há menos incentivos sociais para ser um seguidor da lei do que nos Estados Unidos. Um argumento típico muito utilizado por aqui segue a seguinte linha de raciocínio: Não cumpri a lei porque sou pobre; em uma situação de escassez extrema, justifica-se não ser um seguidor da lei, você me perdoa por isso? Resposta: Claro que sim, afinal compreendo a sua situação e sei que ao morrer os pobres terão o reino dos céus. O argumento típico norte-americano é outro: Você conhecia a lei (se não conhecia, é problema seu) e não a cumpriu porque não quis; portanto, terá que ir à corte e ponto final.

A compra de votos e a lei que a pune devem ser compreendidas sob esta ótica social. A lei é ótima e deve existir, mas não devemos esperar muito quanto ao seu cumprimento. Digo isso baseado em estatísticas e na minha experiência pessoal na campanha eleitoral de 2008. Percorri todas as regiões do Brasil, e um dos assuntos mais recorrentes foi a necessidade de se comprarem votos para vencer as eleições. No interior do Nordeste, afirma-se que para vencer uma eleição é necessário a licença do IBAMA; o órgão ambiental precisa liberar a utilização da onça nas eleições, aquela que está desenhada na cédula de 50 reais. É muito comum nas cidades nordestinas que o eleitor coloque em sua casa uma bandeira com a cor e o número do candidato em quem ele vai votar. Em Pernambuco, na cidade de Pombos, que fica a 50 quilômetros de Recife, cada casa tinha fincado um enorme bambu e na ponta uma bandeira ou azul ou vermelha com o número de seu candidato a prefeito. Esse procedimento é comum não apenas em cidades pequenas, mas também em cidades grandes do interior nordestino. As bandeiras têm aproximadamente 1m x 1m e são tão disseminadas por ali que em muitos municípios não é necessário entrevistar nenhum eleitor para se fazer uma pesquisa de intenção de voto. Basta sortear aleatoriamente os domicílios e anotar a cor da bandeira de cada um deles. No final, sabe-se qual candidato está na frente e qual está atrás.

Um norte-americano ou europeu desavisado ficaria muito impressionado com a força da participação política e o engajamento de nossos eleitores. Não iria compreender por que, com o instituto do voto secreto, a grande maioria dos eleitores estava revelando em quem ia votar, mas iria ficar fascinado com a cultura cívica de nossa população. Um observador atento, porém, vai perceber a funcionalidade das bandeiras quando se trata de vender o voto. Quando um quarteirão inteiro, por exemplo, fica embandeirado de amarelo, o candidato da bandeira vermelha manda emissários especiais municiados de onças (sem licença do Ibama) para virar o voto daquela região. Acaba conseguindo: o que era predominantemente amarelo torna-se vermelho. Aí então o candidato do amarelo manda seus emissários para reconverter os votos. E assim vai até as vésperas da eleição, quando o eleitor escolhe um e vota. Sábio eleitor de baixa renda, que ganha em um mês de campanha eleitoral o que dificilmente recebe em vários meses de trabalho. Não se trata apenas de venda de voto, mas de uma barganha ao longo do tempo, de um leilão que aumenta em muito a renda do eleitor na reta final de uma eleição.

A evidência anedótica, de minha experiência pessoal, é sustentada pela estatística do Estudo Eleitoral Brasileiro (Eseb): 64% dos eleitores acham que uma mãe deveria vender um voto caso o dinheiro ajudasse no tratamento médico de seu filho. Quem não tem um problema de saúde na família? Saúde é uma situação extrema, mas o esporte também motiva a venda de votos: 41% consideram aceitável vender o voto caso um candidato reforme uma quadra de futebol. As situações são variadas, e todas apontam na mesma direção: o clientelismo e a compra de votos são algo aceito e apoiado pela população. Ou seja, os políticos se comportam dessa forma porque os eleitores querem isso dos políticos.

Como ficamos então com a Lei n° 9.840? Há muitos indícios de que a venda de votos (e consequentemente a sua compra) será muito disseminada nas próximas eleições. Dentre os profissionais de campanha eleitoral, muitos afirmam que será mais disseminada do que em outras eleições. O povo tomou gosto pelo aumento do consumo e pelas políticas de transferência de renda. Se isso é verdade, então a lei não pegou. Mais do que isso, nem mesmo as campanhas eleitorais decidiram por denunciar seus adversários. É possível que tenha ocorrido um acordo tácito: você me deixa comprar votos que eu faço o mesmo com você. Ganham o eleitor e o candidato que vencer as eleições. Perde a lisura do processo, ao menos quando avaliado sob a ótica da democracia liberal, que exige que o voto seja dado em função do resultado de políticas públicas, e não por conta de favores particularizados. A lei patrocinada pela CNBB e pela OAB tem um pecado original: a baixa escolarização de nossa população. A venda de votos é mais comum e frequente junto aos segmentos menos escolarizados do eleitorado; é aí que prospera com maior força a zona moral cinzenta do jeitinho brasileiro e da falta de tratamento realmente público em relação ao que é público. Para que a lei pegue, precisamos de mais e mais investimento em escolarização. Trata-se de um processo contínuo e sem mágica, cujos resultados vão demorar a aparecer.

# Quem tem *recall* baixo não ganha eleição

Não há grandes surpresas nos resultados olímpicos. Os nadadores se conhecem, assim como todos os competidores das diferentes modalidades do atletismo. São muitas as competições: Copa do Mundo, Campeonato Europeu, Mundial etc Em cada uma dessas competições, os atletas obtêm determinados resultados. Assim, quando chegam às olimpíadas, já é possível saber quem é favorito e quem não é. Adicionalmente, há as séries de classificação. Nelas, os atletas em geral ratificam (ou não) suas respectivas chances de vitória. Portanto, não há surpresas, não há um caso no qual o atleta que tenha o oitavo melhor tempo do ano seja o vencedor com um recorde mundial. Isso pode até ocorrer uma vez ou outra, mas não é a regra. Em geral, aqueles que se saem bem nos dois anos anteriores são os que acabam conquistando o pódio olímpico.

Isso equivale ao *recall* ou lembrança na política.

Lembro-me de que, muitos anos atrás, em uma eleição para governador do Rio de Janeiro, a então candidata Lúcia Souto se queixou dos institutos de pesquisa e da cobertura da imprensa quanto aos resultados das pesquisas. Lúcia afirmou que, segundo estes, ela estaria com apenas 1% das intenções de voto, o que selava as suas remotas chances de crescer. Para ela, o eleitor não votaria em um candidato com um percentual tão baixo. Por isso, a divulgação das pesquisas acabava por "congelar" as posições relativas dos candidatos.

Quem vai para uma disputa eleitoral depende em grande parte do *recall* ou lembrança, o eleitor não vota em quem ele não conhece.

Na eleição de 2008, estive em Porto Alegre para avaliar o quadro eleitoral da capital gaúcha. Em um diálogo bastante elucidativo, perguntaram-me quais as chances de um candidato com intenção de voto muito baixa vencer as eleições. Eu disse que as chances eram mínimas, e, na maioria dos casos, nulas. Na réplica argumentaram que, quando Rigotto fora eleito governador, saíra de um percentual muito baixo e vencera. Perguntei qual tinha sido a trajetória dele na política. Ele já tinha sido eleito várias vezes deputado antes de disputar e vencer a eleição para governador. Isso significa que Rigotto foi se exercitando, foi acumulando musculatura no que diz respeito ao seu nível de lembrança, no que tange ao seu *recall*, até se candidatar ao governo estadual. Naquela ocasião, ele já era um velho conhecido do eleitorado gaúcho; sem esse requisito, muito dificilmente teria sido eleito.

Ninguém em sã consciência se tornaria sócio de um desconhecido. Na vida empresarial, corporativa, a interação é crucial.

Os sócios em uma empresa são pessoas que se conhecem, na maioria das vezes, profundamente. Curto e grosso: ninguém fecha um negócio com um desconhecido. Isso se aplica ao mundo dos negócios, mas também se aplica ao voto. É muito raro que um candidato tenha mais votos do que seu nível de conhecimento. Tive a oportunidade de analisar dezenas de eleições e centenas de candidatos. Para cada 100 candidatos, apenas cinco conseguem obter mais votos do que o seu nível de conhecimento. Em 95% das vezes, a proporção de votos é menor do que a proporção dos que dizem conhecer o candidato. Não se trata de uma conclusão surpreendente.

Essa análise que realizei permite afirmar que, para cada 1% a mais que um político soma ao seu nível de conhecimento, ele consegue, na média, mais 0,6% de votos. A consequência prática dessa relação estatística é que, em qualquer eleição na qual seja avaliada a intenção de voto de cada candidato, o candidato com maior *recall* tenderá a ter mais votos do que o candidato com *recall* menor. Vamos a um caso em particular ocorrido no biênio 2009-2010: a disputa Serra versus Aécio pela candidatura presidencial do PSDB. Serra ficava na frente nas pesquisas de intenção de voto porque era mais lembrado, era mais conhecido do que Aécio Neves. Para enfrentar Serra em igualdade de condições, o neto de Tancredo Neves precisava ter um *recall* mais alto junto ao eleitorado.

Da mesma forma, esse foi sempre o principal obstáculo ao crescimento da então candidata Dilma. Lula levou mais de três eleições aumentando o seu *recall*. Dilma precisou fazer isso em sua primeira disputa. Conseguiu, mas foi um processo lento e penoso. Apesar de todo o esforço de Lula, iniciado em janeiro de 2009, Dilma só ultrapassou Serra mais de um ano depois. Ainda assim, beneficiou-se de uma das duas situações nas quais o eleitor tem disposição de votar em quem afirma não conhecer:

1 – Quando o governo é muito bem avaliado e indica um candidato para lhe dar continuidade.
2 – Quando o governo é muito mal avaliado e o eleitorado escolhe alguém para mudar a situação. O eleitor fecha os olhos e diz: "Voto nele, mesmo não o conhecendo bem."

Foi assim que Conde se elegeu prefeito do Rio; e Pitta, prefeito de São Paulo, em 1996. Ambos eram menos conhecidos do eleitorado do que seus adversários, Sérgio Cabral no Rio e Erundina em São Paulo. Mesmo assim, por causa da boa avaliação do governo municipal, o eleitorado preferiu — em nome da continuidade — votar em um candidato menos conhecido.

O que ocorre na política não é diferente daquilo que ocorre em qualquer carreira profissional. O *recall* não aumenta por causa de um episódio ou outro, não cresce em função de um fato isolado; a ampliação do *recall* depende de um processo contínuo de relacionamento com o eleitorado. Meça-se o *recall* dos candidatos em maio e depois faça-se o mesmo em outubro, nas vésperas das eleições. Adivinhe o que acontece: na média de 100 candidatos, o *recall* não aumenta muito. O nível de lembrança dos candidatos não aumenta muito só quando ele é submetido ao processo eleitoral, mas tem impacto sobre a lembrança quando somado a outros eventos: a atuação como deputado, programas regulares de rádio, a soma de uma eleição com outra etc.

Serra foi secretário de Planejamento do governo Montoro, deputado federal, senador, ministro do Planejamento e da Saúde de FH, entre um cargo e outro disputou a eleição para prefeito de São Paulo, disputou uma eleição presidencial em 2002, foi eleito prefeito de São Paulo em 2006, disputou e venceu a eleição para governador de São Paulo dois anos depois. Tudo isso somado aumentou muito o *recall* de Serra em São Paulo e no Brasil.

Antes de ter sido eleito governador de Minas, Aécio foi deputado federal e presidente da Câmara dos Deputados. Quando ocupava este cargo, assumiu uma grande projeção nacional. A visibilidade que obteve à frente da Câmara, liderando várias medidas de moralização da política, foi crucial para lhe dar maior lembrança junto ao eleitorado mineiro. Foi eleito e reeleito governador de Minas. A carreira política de Aécio é mais rica do que a de Serra, quando se considera a idade de ambos. Porém, pensando somente no que aconteceu na disputa entre eles, é possível que a candidatura de Serra a presidente em 2002 tenha lhe conferido a vantagem de *recall* que fez dele o candidato em 2010.

Lula e o PT fizeram com Dilma o que o então PFL fez com muito sucesso em relação a Roseana. Durante aproximadamente seis meses, Roseana ocupou todos os programas de TV do PFL, tanto os nacionais quanto os estaduais. Graças a um discurso correto, Roseana cresceu nas pesquisas; com isso, obteve mais mídia, tornou-se mais conhecida, obteve mais votos, teve mais mídia...

e por aí vai, num círculo virtuoso de aumento de *recall*. A Marina de 2010 é também um exemplo interessante. O limite para seu crescimento estava determinado pelo fato de, em meados de 2010, ela ser bem menos conhecida do que Dilma e Serra. Um *recall* menor fez com que o teto para o crescimento de Marina fosse mais baixo do que o de seus adversários. Resultado: ela cresceu, mas não venceu, não foi para o segundo turno.

Moral da história: se você quer ganhar uma eleição, precisa ser conhecido do eleitorado.

# A internet do Obama não funciona no Brasil

Em 1999, fiz um curso nos Estados Unidos. Fiquei 45 dias no estado de Delaware. A primeira coisa que um brasileiro estranharia é que Delaware tem dois senadores e um deputado. Como o sistema eleitoral é distrital, e o estado é muito pequeno, não há eleitores suficientes para que haja mais de um deputado. Mas como o Senado representa o estado, há dois senadores. Algo inconcebível no Brasil, onde o número mínimo de deputados é oito, independentemente da quantidade de eleitores.

Mais estranho do que isso, os participantes do curso, 18 estrangeiros de diversos países do mundo, tinham famílias como cicerones. Essas famílias, casais de aposentados, levavam os participantes do curso para conhecer algo que os interessasse nos Estados Unidos. Graças a isso, fui a vários jogos de beisebol e aprendi as regras básicas. O casal de aposentados que me levou para tais atividades esportivas era encabeçado por Ed Ivy. Mr.

Ivy havia trabalhado no Brasil, em São Paulo, como executivo de uma grande empresa de petróleo. Pai de cinco filhos, todos criados, e avô de numerosos netos, algo raro para os Estados Unidos.

Ed Ivy gastava a maior parte de seu tempo em atividades voluntárias. Semanalmente, ia a uma escola pública ler histórias para um menino filho de mãe solteira. Ele era o exemplo masculino do menino. Isso é algo impensável no Brasil, um ex-alto executivo de uma multinacional indo semanalmente, depois de aposentado, a uma escola pública ler histórias de criança para um garoto da periferia. Além disso, Mr. Ivy trabalhava de caixa em uma exposição de arte na maior galeria da cidade de Wilmington. Imagine isso no Brasil: encontrar alguém que já ocupou um alto cargo trabalhando de caixa. O comentário corrente seria: veja onde ele foi parar, é um fracassado. Isso não é tudo. Ele também fazia o imposto de renda para pessoas idosas como ele, porém incapazes de preencher a declaração de renda. No Brasil, ou se recorreria a um contador, pago, ou a alguém da família. Ele e a esposa também jogavam golfe, boliche e participavam de um clube campestre. Iam lá de quando em quando jogar conversa fora com outros aposentados.

Lembro-me com clareza de que naquele ano Andre Agassi ganhou o torneio de Wimbledon. Como desportistas que eram, na medida em que a idade permitia, eles acompanharam de perto pela televisão e vibraram com a vitória de seu compatriota. Mrs. Ivy também participava de inúmeras atividades voluntárias. Lembro-me, ao menos, de que ela trabalhava de caixa na mesma galeria de arte. Levaram-me também para conhecer a igreja aonde iam semanalmente. Fizeram questão de mostrar a igreja rica, que eles frequentavam, e, não muito distante dali, a igreja pobre, para onde iam os donativos que eles recolhiam em sua paróquia. A vida deles era completamente ocupada. Muitas atividades associativas e voluntárias; não me falaram uma vez sequer que gastavam parte de seu tempo cuidando dos netos. A propósito, dos cinco filhos que tinham, conheci apenas um, que também morava em Delaware. Os outros estavam espalhados pelos Estados Unidos e pelo mundo, um deles morando na Inglaterra.

Mr. e Mrs. Ivy são parte de uma estatística que revela que os Estados Unidos são o país onde as pessoas mais se associam para fazer os mais diversos tipos de coisas. O renomado acadêmico norte-americano Sidney Verba lançou, em coautoria, em 1995, um livro que tratava da participação cívica voluntária nos Estados Unidos. No livro, intitulado *Voice and Equality*, ele e seus colegas mostram que apenas 5% da população adulta norte-americana não participa de atividade alguma. Dos 95% que participam, 41% são voluntários em três coisas ao mesmo tempo: participação política, participação não política secular e participação religiosa. A participação política é aquela na qual a atividade é voltada para pressionar, de alguma forma, o poder público. A participação não política (que é a participação cívica) é a que ignora completamente a existência do setor público. Isso ocorre quando um grupo de pessoas se junta para ajudar outro grupo de pessoas sem recorrer ao governo ou ao Estado. Por fim, a participação religiosa é a que ocorre por meio das igrejas.

A mesma estatística mostrou que 20% dos norte-americanos adultos participavam de duas coisas: associativismo político e associativismo não político secular. Não para aí: 14% participam de atividade religiosa e não política secular, 10% somente de atividade não política secular, 5% somente de atividade religiosa, 2% de somente política e 3% de política e religiosa. A moderna estatística de Sidney Verba reflete o preciso diagnóstico de Alexis de Tocqueville em seu clássico *A democracia na América*. Comparando os Estados Unidos com a Europa, o aristocrata francês mostrou, sem números, que a religião norte-americana era uma religião civil e que o seu associativismo era muito mais vigoroso e vibrante do que o encontrado na Europa.

Agora vamos falar da internet do Obama. Para você, leitor, meia palavra basta. O que você acha da utilização da internet em uma sociedade na qual o associativismo é vibrante? Ela será mais ou menos utilizada do que em uma sociedade na qual as pessoas se associam mais para fazer festas do que para atividades cívicas ou políticas? É interessante ver os inúmeros comentários e artigos sobre o uso da internet na campanha eleitoral de Barack Obama, assim como durante o seu governo. Os incautos consideram ser possível, pura e simplesmente, importar o modelo americano para o solo brasileiro. Cria-se uma falsa expectativa baseada em pressupostos falsos e, principalmente, na ignorância do que acontece, segundo o ex-presidente Lula, quando se atravessa o Atlântico. Brasil e Estados Unidos são muito diferentes. Não há dúvida de que a internet pode ser mais bem utilizada no Brasil. Porém, salvo melhor juízo, não devemos considerar viável repetir com grande verossimilhança o que aconteceu na eleição presidencial norte-americana de 2008.

Em todos os lugares, há certa incompreensão acerca do que acontece nos Estados Unidos. Trata-se de um país interessante para ser tomado como métrica, mas dificilmente como um exemplo a ser efetivamente repetido e copiado. Lembro-me de minhas aulas de pós-graduação, quando um professor, antiamericano convicto e dogmático, criticava a participação política nos Estados Unidos dando como exemplo o comparecimento eleitoral nas eleições presidenciais. De fato, comparando os norte-americanos com a Europa, o Brasil e outros países importantes do mundo, a participação eleitoral na eleição para o cargo de dirigente máximo da nação tem sido historicamente mais baixa nos Estados Unidos. É como se eles tivessem trocado a participação eleitoral pela participação entre as eleições. Os norte-americanos são os que menos votam, são os que menos comparecem às eleições (não a de Obama, que foi uma exceção, mas quando se tomam todas as eleições recentes para presidente e primeiro-ministro), porém são os que mais comparecem às associações voluntárias de todos os tipos.

Na maioria dos países, a eleição ocorre em um domingo. Nos Estados Unidos é em uma terça-feira. Trata-se de um importante obstáculo ao comparecimento. O que ocorreu em 2008 foi uma exceção na trajetória de baixa participação eleitoral. O simbolismo positivo da candidatura Obama, que sucedia a um presidente igualmente simbólico, com o sinal trocado, mobilizou pessoas que jamais se preocuparam com a política, mas que certamente estiveram envolvidas, nos últimos anos, nos mais diversos tipos de associativismos, dentre os quais o religioso e o não político secular. A internet não passou de um meio. Ela se aproveitou desse associativismo pujante combinado com uma candidatura de forte conteúdo simbólico. Os milhões de dólares investidos na internet do Obama deram resultado porque foram combinados com o histórico de associativismo da sociedade norte-americana. Os mesmos recursos em outro ambiente cultural talvez não tivessem produzido os mesmos resultados. É o velho associativismo norte-americano em ação, utilizando-se de um meio genuinamente novo.

# Educação não dá voto no Brasil

Na primeira vez que foi eleito primeiro-ministro britânico, Tony Blair afirmou que tinha três prioridades: educação, educação, educação. A maioria dos brasileiros não sabe quão séria era essa afirmação para Tony Blair, nem quais as implicações dessa escolha em sua campanha eleitoral. Para mencionar apenas algumas delas, o quartel-general de campanha e no local onde o candidato dava todas as entrevistas para a imprensa, via-se escrito na parede, num grande banner, atrás do candidato: *education*, *education*, *education*. Ou seja, sempre que Tony Blair falava com a imprensa, era fotografado e filmado tendo a palavra "educação" repetida três vezes atrás de si. Adicionalmente, o primeiro evento de sua campanha, aquele que a inaugurou, foi uma visita a uma escola de um bairro pobre de Londres. Mais uma vez, toda a mídia britânica, que aguardava com ansiedade o momento de abertura da campanha dos principais candidatos, acompanhou Blair e sua esposa à periferia de Londres, onde ele demonstrou seu compromisso com a educação.

A ênfase não parou aí. As promessas de campanha foram bastante específicas, desde quanto mais do orçamento seria aplicado na educação até quantos estudantes por professor haveria no máximo em cada sala de aula. Aliás, essa era uma reivindicação antiga dos pais que simbolizava uma educação de nível mais elevado. Quanto mais crianças por professor, menos atenção elas têm e, portanto, menos aprendem. Ao contrário, se forem menos crianças para mais professores, a qualidade da educação será melhor. Tony Blair tinha um compromisso explícito em relação a isso.

Há coisas no Brasil que não dão voto, e educação é uma delas. A prova mais conhecida disso foi o que ocorreu com Cristovam Buarque quando se candidatou a presidente com sua campanha monotemática sobre educação. O resultado foi pífio. Campanhas monotemáticas não são necessariamente ruins. Quando o tema interessa ao eleitorado, elas saem vitoriosas. Quando afirmo monotemática, estou apenas salientando que tais campanhas optam por uma ênfase muito forte em algum tema específico. Foi assim que Serra, por meio da saúde, derrotou Marta em 2004. Kassab utilizou o mesmo remédio em 2008. FH foi praticamente monotemático em 1994 e 1998: Plano Real, estabilização da economia, aumento do poder de compra, tudo variações sobre o mesmo tema. Em 1994, havia uma mão com cinco dedos. Alguém se lembra dos cinco itens? Provavelmente não, temos que procurar na internet. Isso tudo é para mostrar que Cristovam Buarque se deu mal não porque falou de uma única coisa, ou deu ênfase a uma única coisa, mas porque a coisa escolhida, educação, não dá voto.

Na eleição de 2008, o tema dos prefeitos eleitos foi saúde. Em praticamente qualquer município brasileiro, se a pergunta feita ao eleitorado fosse: "Qual problema a prefeitura e o prefeito deveriam resolver em primeiro lugar?", a resposta mais mencionada, de longe, seria saúde. Não por acaso, o Brasil está repleto de prefeitos que eram ou são médicos. Não por acaso, uma das principais promessas em todos os lugares do Brasil ou foi construir um hospital, ou criar postos de saúde, ou comprar mais ambulâncias para levar os doentes para municípios vizinhos de maior porte. Não faz sentido ter hospitais em municípios minúsculos de três ou quatro mil habitantes.

Até mesmo quando a educação aparentemente ajuda a vencer uma eleição, não foi a educação quem fez isso, mas sim como ela foi embalada. Esse foi o caso de Brizola e seus CIEPs, os Centros Integrados de Educação Pública, nos idos de 1982. Os CIEPs mandavam uma mensagem não necessariamente relacionada à educação: merenda escolar (a família economizava com a comida das crianças, o tema aqui é dinheiro no bolso); horário integral (a criança ficaria na escola a maior parte do dia, o que contribuiria para afastá-la do crime, o tema aqui é segurança pública); banho tomado e prédios de boa qualidade (o tema aqui é dar um tratamento digno às pessoas mais pobres). Nunca, no marketing dos CIEPs, os temas gravitaram em torno de número de professores por crianças, salários e qualificação dos professores, conteúdo dos livros didáticos, sistema de aprovação ou questões mais genuinamente educacionais. Ao menos, isso nunca foi tema da propaganda política da época.

O que não dá voto também não dá mídia. Anualmente, a OECD publica um documento intitulado *Education at a glance*, adicionado do ano da publicação. Anualmente, esse documento tem pouca ou nenhuma mídia no Brasil, suscita pouca ou nenhuma reflexão no Brasil. Quem quiser encontrar o relatório, basta digitar seu título em qualquer ferramenta de procura da internet. São mais de 450 páginas repletas de dados e estatísticas. O Brasil consta de algumas poucas, realmente poucas, estatísticas. Países como México, Irlanda, Portugal, Espanha, Chile, todos católicos como nós, estão em quase todas as tabelas. O fato de não estarmos em igualdade de condições com nossos pares religiosos se deve a alguma razão: ou nossas estatísticas são menos abrangentes ou não existem; elas existem, mas por algum motivo não são enviadas ou coletadas pela OECD. Pode ser que isso já seja matéria de reflexão: a nossa ausência na maioria dos dados sobre educação.

Se os não dados são eloquentes, os dados são mais ainda. Na Coreia do Sul, 40% da população entre 55 e 64 anos completou ao menos o segundo grau. Essa proporção é de 100% para aqueles que estão entre 25 e 34 anos de idade. Note-se que a Corea foi o país que obteve o melhor resultado entre gerações. Ela tinha 60 pontos percentuais para crescer, e cresceu exatamente esses 60 pontos. Já o Brasil tinha 80 pontos percentuais para crescer, posto que 20% das pessoas entre 55 e 64 anos fizeram ao menos o segundo grau. Nós melhoramos 30 pontos percentuais para a faixa de idade mais jovem, resultado que, dividido por 80, significa que crescemos 40% do espaço que tínhamos para crescer. A Coreia cresceu 100%. Outros países que investiram em educação de forma maciça e cresceram muito mais do que poderiam crescer foram Polônia, Irlanda e Rússia. Os dois primeiros, predominantemente católicos; e o terceiro, um dos BRICs. Na lista de 35 países da OECD, o Brasil, nesse indicador, é um dos piores, o 32º colocado. Em termos de taxa de crescimento entre gerações, o Brasil perde apenas para Turquia, México, Alemanha, Estônia e Estados Unidos. Para os dois primeiros, porque são tão ruins quanto nós tanto no nível educacional dos mais velhos quanto dos mais jovens; para os três últimos, porque eles têm uma elevadíssima proporção de pessoas entre 55 e 64 anos com ao menos o segundo grau completo. Quanto a isso, uma observação relevante merece ser feita, e diz respeito aos Estados Unidos.

Dentre todos os países listados pela OECD para esse indicador, os Estados Unidos são o país que tem o mais elevado percentual de pessoas com ao menos segundo grau na idade entre 55 e 64 anos de idade. Isto significa que já há longa data a população norte-americana é mais escolarizada do que a dos demais países do mundo. Há outros que se aproximam dos Estados Unidos nesse número, todos, porém, onde a escala de consumo e produção é muito menor: Estônia e República Tcheca. O que os Estados Unidos tiveram antes de todos, que nenhum país jamais teve, foi a combinação de população grande com escolarização elevada. Eles foram o maior país do mundo, em número de habitantes, com a maior escolaridade do mundo. A interação entre essas duas variáveis foi crucial para dar a vantagem que os Estados Unidos hoje têm. É por isso que eles podem se dar ao luxo de não elevar a escolarização daqueles entre 25 e 34, ao menos nesse indicador, sem perder a dianteira que têm. Mas também é por isso que Barack Obama tem enfatizado tanto a necessidade de investir em educação quanto a de os norte-americanos valorizarem a educação.

É aí que entra o papel da elite quando se fala de educação, quando se fala de fazer coisas que são importantes, mas que não motivam o voto. Obama era professor da Universidade de Chicago antes de se tornar senador e presidente. Não é fácil ser professor ali. Não é fácil ser presidente dos Estados Unidos. Ele sabe que a educação foi crucial para se tornar quem se tornou. A elite intelectual e decisória pode, em alguns momentos da história, fazer as mudanças necessárias por bem antes que elas tenham que vir por mal. Uma mudança vem por mal quando estamos na beira do precipício: ou ela é feita ou entra-se numa crise sem precedentes. Foi assim que lidamos com a inflação e os inúmeros esqueletos gerados durante o período militar e o governo Sarney. Uma mudança vem por bem quando sabemos o que é necessário fazer e enfrentamos as resistências políticas que a bloqueiam. A opção do governo Lula, em todos os seus oito anos, foi de evitar conflitos e não entrar em bola dividida. Caminhou-se o tempo inteiro pelo assim chamado caminho de menor resistência. Nada contra. É apenas uma escolha política, como outra qualquer. Sua consequência, no caso da educação, é que permaneceremos com um problema sério no colo que deverá ser resolvido em algum momento. Infelizmente, continuamos a não saber quando.

# O Nordeste na conta eleitoral

Todo período pré-eleitoral é repleto de cálculos e contas acerca de vantagens e desvantagens dos principais candidatos aos cargos majoritários. Quando se trata de disputas estaduais, há sempre aquelas continhas que separam a capital da região metropolitana e ambas do interior. É comum que o candidato do interior tenha um cálculo eleitoral no qual ele abra uma enorme vantagem sobre, por exemplo, um ex-prefeito de capital, justamente no interior. Vantagem esta que seria suficiente para que ele derrotasse o ex-prefeito e seu franco favoritismo na região em que governara.

Nada é mais comum do que um cálculo dessa natureza. Por exemplo, na eleição de 2010 esse tipo de conta permitia sustentar o favoritismo do ex-prefeito Ricardo Coutinho para o governo da Paraíba. Ricardo fora eleito duas vezes prefeito de João Pessoa; na última, em 2008, vencera já no primeiro turno. Ele se aliou a Cássio Cunha Lima, que, além de ex-governador, fora também prefeito de Campina Grande, o segundo maior colégio eleitoral do estado. Por fim, Ricardo Coutinho teve o apoio de Efraim Morais, do DEM, que sempre foi forte no sertão da Paraíba. Foram contempladas, assim, todas as áreas do estado, já que a capital representa a grande João Pessoa e a zona da mata, e Campina Grande está no coração do agreste. De posse dessa aliança política, foram feitos cálculos para verificar que vantagem em pontos percentuais seria possível obter na capital, em Campina Grande e no sertão. Feitas as contas, era possível mostrar como derrotar o adversário, o velho e combalido cacique político José Maranhão.

O mesmo que vale para os estados vale para o país. Em 2010, vimos o quanto foi recorrente a publicação de cálculos para mostrar a enorme importância eleitoral de Minas Gerais e de Aécio Neves. Tomando-se os resultados eleitorais de 2006 como parâmetro, considerava-se antes da eleição que Serra derrotaria Dilma na Região Sul, venceria com folga em São Paulo, perderia para a candidata do governo no Rio de Janeiro e, com o empenho de Aécio, abriria uma larga dianteira em Minas. Todos consideravam que na Região Nordeste a vitória de Dilma sobre Serra seria por uma margem confortável, ao passo que as regiões Norte e Centro-Oeste somadas poderiam dar uma pequena margem a favor de um ou de outro candidato. Apenas para lembrar alguns números importantes, o Sul tem aproximadamente 15% do eleitorado, o Nordeste, algo em torno de 27%; Norte e o Centro-Oeste juntos, os mesmos 15% da Região Sul; e o Sudeste, 43%.

Um parêntesis importante que diz respeito ao perde e ganha regional tem a ver com o que aconteceu em 2006 com Geraldo

Alckmin. O ex-governador de São Paulo abriu sobre Lula, no Sudeste inteiro, uma vantagem de exatos 819.614 votos. Essa vantagem foi mais do que anulada por apenas um estado da federação, o Amazonas, onde Lula derrotou Geraldo por 899.871 votos. Nessa eleição, o comparecimento foi de quase 96 milhões de eleitores. O Amazonas entrou nessa conta com pouco mais de 1 milhão e 300 mil votantes. A vantagem obtida em uma região com 43% dos votos nacionais foi completamente anulada por um estado com 1,4% desses mesmos votos. O motivo que levou Lula a abrir uma margem tão grande no Amazonas nada tem a ver com a constelação de apoios políticos naquela região, mas sim com a postura historicamente crítica do PSDB em relação à Zona Franca de Manaus. Com ou sem razão a população local considera que a região depende muito, economicamente, da Zona Franca; assim, qualquer ameaça à sua existência é uma ameaça direta ao bem-estar da população.

Em todos os países do mundo desenvolvido, há uma segmentação regional do voto para presidente ou primeiro-ministro. Nos Estados Unidos, as duas costas, Leste e Oeste, votam mais democrata e o meio do país vota mais republicano. Toda eleição é assim. Da mesma forma, quando se coloca uma lupa nos mapas eleitorais dos estados norte-americanos, vê-se que as áreas mais pobres votam democrata e as áreas menos pobres votam republicano. Essa regra também se aplica à Grã-Bretanha que escolheu um novo parlamento em 2010. Os trabalhistas vencem no norte da Inglaterra, em Londres e na Escócia, e os conservadores são predominantes no Sudeste do país. Há sempre variações, mas a força relativa permanece. A vitória trabalhista na região de Liverpool pode ser maior ou menor, mas tenderá a acontecer. Pode haver uma eleição completamente excepcional na qual os trabalhistas percam em todas as regiões do país; mesmo nesse caso, na região de Liverpool, na Escócia ou em Londres essa derrota será por uma margem menor, o que mantém o argumento já citado da força relativa regionalizada. Esse fenômeno se repete na Espanha, França, Itália e Alemanha, dentre outros países.

A eleição de 2006 consagrou um novo e, no meu entender, permanente padrão de votação no Brasil. Onde a sociedade é maior do que o estado — Região Sul, São Paulo e toda a Região Centro-Oeste, com exceção da capital federal (é claro) — venceu o candidato tucano. Onde o estado é maior do que a sociedade, Lula derrotou Geraldo: Norte, Nordeste, Rio de Janeiro e Minas Gerais. De todas as vantagens regionais entre os dois principais candidatos, a maior delas foi verificada exatamente no Nordeste: Lula teve 66,8% dos votos válidos; e Geraldo, 26,1%. Em números absolutos, isso significou pouco mais de 10 milhões de votos de um total de quase 28 milhões de nordestinos que foram às urnas.

Os quatro anos que separaram 2006 de 2002 só fizeram aumentar a força de Lula no Nordeste. Em 2002, ele obteve 45,9% de votos válidos, o que significou pouco mais de 9 milhões de votos de um total de 20.424.847. Entre as duas eleições, Lula adicionou mais de 7 milhões de votos e quase 21 pontos percentuais.

Em primeiro lugar, não custa chamar a atenção para o óbvio: votar no Lula não é a mesma coisa que votar na Dilma. Isso é uma regra eleitoral: o sucessor indicado sempre recebe menos votos do que receberia o próprio ocupante do cargo se se candidatasse. Foi exatamente o que ocorreu na eleição de 2010. Na primeira eleição nacional na qual Serra foi derrotado, no segundo turno Lula teve 61,5% dos votos, e Serra, apenas 38,5%. Na eleição seguinte, o presidente se candidatou à reeleição: Lula ficou com espantosos 77,1%, e Geraldo Alckmin com 22,9%. Em 2010, o candidato do governo não disputava a reeleição, era Dilma a indicada pelo Lula; ela teve mais votos do que Lula em 2002: 66,8%, e Serra se saiu pior do que em 2002, ficando com 33,2%.

Eis um contrafactual baseado na elevada popularidade de Lula no Nordeste: se ele tivesse sido o candidato em 2010, provavelmente teria mais votos do que teve em 2006. É possível fazer essa afirmação por conta de uma razão específica. Em setembro de 2006, ou seja, às vésperas da eleição, o governo Lula no Nordeste tinha uma avaliação de 60% na soma de ótimo e bom. Sublinho o fato de esta avaliação referir-se a setembro daquele ano. A avaliação de Lula veio melhorando no decorrer de 2006, o ponto mais elevado sendo atingido justamente próximo à eleição. Em maio de 2006, ela era menor, mesmo no Nordeste, do que em setembro. Ocorre que, em maio de 2010, a soma de ótimo e bom de Lula no Nordeste atingiu a marca de 90%.

Na edição do *Valor* de 5 de maio de 2010, com chamada de primeira página, havia uma matéria mostrando que o crédito pessoal tinha tido uma expansão recorde naquela região, a maior dentre todas as regiões do Brasil. É bem possível que qualquer indicador econômico comparativo mostre, nos últimos anos, que o Nordeste se sai melhor do que todas as demais áreas do país. Além disso, dados de pesquisas qualitativas e quantitativas mostravam que o eleitor nordestino achava, e acha, que Lula é do Nordeste. O fato de a carreira política de Lula ter sido feita em São Paulo é algo inexistente para os nordestinos. Isso é consequência de outro fenômeno: a percepção local de que nunca ninguém, na história recente do Brasil, tinha feito alguma coisa pelo Nordeste. Lula é apontado como o primeiro que se preocupou especificamente com o povo da região. Essa percepção já estava presente em 2006 e nos quatro anos subsequentes.

Atualmente, o Nordeste é crucial para se entender a força nacional do PT. Trata-se da última região na qual o PT conseguiu entrar quando ainda era um partido pequeno. Trata-se da região da qual o PT jamais sairá.

# Dilma ultrapassou Serra e não mais perdeu a posição

Lula apareceu um pouco ao lado de Dilma, e Dilma subiu. Até 2010, eleitoralmente, Dilma nunca fora nada. É sempre útil lembrar que ela nunca tinha disputado uma eleição, nem para vereadora de Porto Alegre. Em sua primeira eleição, uma disputada corrida em âmbito nacional, ela se tornou amplamente conhecida e venceu. Ela derrotou Serra, um político experiente e detentor de um longo e rico currículo. O último cargo ocupado por Serra foi nada mais nada menos do que o de governador de São Paulo. Trata-se do estado mais rico e populoso do Brasil. Só um cargo eleitoral tem mais valor do que o de governador de São Paulo: o de presidente do Brasil.

Tomando-se os dados de pesquisas eleitorais de janeiro de 2009 até maio de 2010, foi possível identificar momentos bem claros e definidos: a) Dilma cresceu muito de março a maio de 2009; b) ficou estacionada entre maio e novembro; c) voltou a crescer entre dezembro de 2009 e fevereiro de 2010;

d) em seguida, ficou novamente estacionada em março e abril, para e) voltar a subir em maio. Todos os momentos de subida de Dilma coincidiram com sua aparição junto a Lula. No início de 2009 e na virada do ano, eles participaram de vários eventos conjuntos em inúmeros estados do Brasil, em maio apareceram juntos no programa político do PT. Não menos importante, convém lembrar que Dilma ficou parada nas pesquisas de intenção de voto entre maio e novembro de 2009, porque nesse período retirou-se do cenário eleitoral em função do tratamento de câncer.

O PSDB e Serra não enfrentaram Dilma; mas, a julgar pelo padrão de crescimento desse marujo eleitoral de primeira viagem e também em função do desfecho da eleição, enfrentaram Lula e um governo bem avaliado. Aliás, um governo muito bem avaliado, cuja soma de ótimo e bom totalizou às vésperas da eleição cerca de 80%, o que configurava uma quase unanimidade.

Deve-se chamar a atenção para várias características importantes do adversário enfrentado pelo PSDB: um grupo político liderado por um presidente extremamente popular, que sempre falou insistentemente para os pobres, que sempre se comunicou bem, com uma linguagem clara e direta, que tratou o tempo todo de temas que diziam respeito à maioria das pessoas, que tinha e ainda tem uma marca clara de defensor dos pobres, e que também foi capaz de mudar e se adaptar pragmaticamente às situações novas. Esse pragmatismo e a capacidade de aprendizado, diga-se de passagem, têm sido uma marca muito importante do PT desde 2002, quando Lula mudou radicalmente sua imagem para vencer aquela eleição. O ano de 2002 não ficou marcado somente pela famosa Carta aos Brasileiros, mas pelo afastamento entre o PT e o MST, pela condenação cabal das invasões de terras, ocupações de prédios públicos e todo tipo de baderna que muito atrapalhavam a imagem de Lula. Além disso, ele aparou o cabelo e a barba e passou a usar ternos alinhados.

O pragmatismo, a capacidade de aprendizado e de adaptação não pararam aí. Lula se tornou o presidente de esquerda e opositor de Fernando Henrique que manteve tudo que fora feito por seu antecessor. Lula era um crítico do bolsa-família, acabou duplicando o programa. Lula era contra o superávit primário, aumentou-o. Sempre fora um crítico ferrenho da política de juros altos para conter a inflação, esqueçamos o que ele dizia sobre isso, foi o que mais vimos em seu governo: juros altos para enfrentar o menor suspiro do antigo poderoso dragão. A lista de adaptações é longa e não se restringe a Lula. Dilma também mudou para vencer. Sempre contrária a Palocci e sua política de responsabilidade fiscal, Dilma teve em Palocci uma importante peça de sua equipe de campanhas e ele é hoje o ministro mais importante de seu governo. Mais do que isso, a Dilma que era contra a autonomia operacional do Banco Central não existe mais. A Dilma que era contra os juros elevados em nome de um suposto desenvolvimentismo também não existe mais.

O que tornou o PT, Lula e Dilma adversários difíceis para o PSDB e Serra não foi a capacidade de aprendizado e adaptação dos primeiros, mas a dificuldade do PSDB e de Serra de fazerem o mesmo. Serra e o PSDB tinham que ter falado para os pobres. Os pobres não estão preocupados nem com a autonomia do Banco Central nem com a taxa de juros. Eles estão ligados na inflação e no fato de a prestação paga caber em seu orçamento. Os pobres não estão prestando atenção às relações complexas que existem entre controlar gastos, baixar juros, gerar desenvolvimento e com isso mais e melhores empregos. Os pobres estiveram durante a campanha eleitoral, isto sim, saudosos da redução do IPI que possibilitou que comprassem e trocassem coisas com mais facilidade. Era preciso, naquela campanha, adaptar-se a essa situação, trocando o discurso técnico e relativamente difícil de entender por um discurso claro, direto e que atendesse aos interesses dos pobres, aliás, a grande maioria de nosso eleitorado.

Há um script em busca de um ator, e este ator poderia ter sido justamente Serra, com o seu PSDB. O script continua atual, é o da redução de impostos sobre o consumo e sobre a folha de pagamento. Trata-se de um discurso e de uma proposta que une Marx a Adam Smith. É uma proposta de inspiração marxista porque melhora a vida dos pobres e reduz drasticamente as desigualdades. Nossa carga tributária é uma jabuticaba fiscal. Os pobres pagam proporcionalmente mais impostos do que os não pobres. Uma compra de itens básicos, tais como escova, pasta de dentes, desodorante, fio dental, xampu, etc., corresponde a 9% do salário médio do brasileiro. A mesma compra feita nos Estados Unidos abocanha apenas 1,7% do salário médio do americano. Trata-se de uma enorme injustiça perpetrada contra nossa população pobre por meio de nossa carga tributária.

Logo no início da campanha, Dilma defendeu, surpreendentemente, a volta da CPMF. Igualmente ou mais surpreendente foi a incapacidade do PSDB e de Serra de se aproveitarem dessa que foi a pior proposta de Dilma na pré-campanha, a propósito, proposta que está no DNA da esquerda: defender o aumento de impostos. Eis o que teria sido o grande mote de campanha para o PSDB, para um PSDB que precisa aprender com o PT, Lula e Dilma a se adaptar às novas circunstâncias. A campanha de 2010 não tinha um tema natural, não como a inflação em 1994 e em 1998, o desemprego em 2002 ou o bolsa-família em 2006. O tema latente no eleitorado, sobre o qual Lula tinha muito pouco para mostrar, a não ser uma redução perversa e temporária do IPI (perversa justamente porque foi temporária), era o da redução de impostos.

Quando Serra ficou próximo de ser ultrapassado por Dilma (pesquisa no Google), os analistas recorreram a um passe de mágica: coloque-se Aécio de vice que a maré voltará a favorecer Serra. Mágica não existe. Se alguma coisa poderia ter tido um efeito positivo na campanha de Serra, independentemente de se sair vencedor ou não, era a adoção do tema da redução de impostos. Aliás, diante de um governo tão bem avaliado como foi o governo Lula, era preciso um pouco de ousadia e, neste caso, ousadia era sinônimo de adotar um tema genuinamente novo, cujo discurso básico sempre foi endereçado às elites e nunca aos pobres. O eleitorado já sabia e reconhecia que Serra tinha mais currículo do que a Dilma. Isso não agregava um voto sequer a mais a ele. O eleitorado já sabia que Serra era mais preparado para governar do que Dilma, mas isso naquele momento da vida política de ambos não era o mais importante para dar vitória a este ou àquele candidato. Por exemplo, em abril de 2009, a proporção do eleitorado brasileiro que achava que Serra tinha experiência administrativa era praticamente 20 pontos percentuais maior do que a mesma proporção relativa a Dilma; isto, porém, não se refletia em vantagem equivalente na intenção de votos.

O eleitorado queria saber o que esse Serra bem preparado tinha para lhe oferecer em termos de melhoria de vida. Era exatamente aí que se encaixava a proposta de redução de impostos sobre tudo aquilo que é vendido dentro do supermercado (com exceção das bebidas alcoólicas e do cigarro). O mesmo partido que tinha melhorado o Brasil reduzindo a inflação poderia ter prometido melhorar o Brasil novamente, agora reduzindo os impostos. Imagine o impacto que teria a proposta de forte redução do PIS e do Cofins sobre todos os produtos vendidos em supermercados. A campanha tucana poderia ter proposto também articular com todos os governadores a redução permanente do ICMS de tais produtos. Uma peça publicitária simples e de grande impacto seria exibir uma compra de supermercado hoje, mostrando-se o carrinho na saída do mercado, e comparando-o com outro carrinho depois de adotadas as medidas benéficas e necessárias de redução de impostos. O carrinho pós-redução de impostos teria muito mais coisas. É possível que a urna do PSDB para presidente também tivesse muito mais votos.

# A jabuticaba fiscal brasileira: imposto para gerar mais desigualdade e pobreza

Em abril de 2010, no país do Tio Sam, fiz uma cuidadosa compra em uma das grandes redes de farmácia (*drugstore*, para os gringos) norte-americana em Nova York: CVS Pharmacy. O meu objetivo já estava em mente: em um curto período, fazer duas compras muito parecidas, uma nos Estados Unidos e outra no Brasil, para medir o quanto o consumidor de cada país tem que gastar com itens básicos de cuidados pessoais. Assim, decidi comprar pasta e escova de dentes, fio dental, sabonete, xampu e condicionador, desodorante, creme de barbear, aparelho de barbear, absorvente feminino, batom, esmalte para unhas, creme hidratante para as mãos e, como ninguém é de ferro, camisinha.

O aspecto da experiência antropológica do volume do que é vendido nos Estados Unidos, todos conhecemos: quando o assunto é compras de supermercado ou *drugstore,* naquele país tudo é grande. O absorvente feminino vinha com 22 unidades, um pouco mais do que as 15 unidades brasileiras. Por isso, no Brasil, acabei comprando dois pacotinhos de Carefree. Foi também necessário comprar no Brasil duas unidades de creme de barbear, o que fez com que a compra doméstica nesse item acabasse ficando um pouco maior no volume do que a compra nova-iorquina. Porém, em todos os demais itens nos quais o volume do item estava em jogo, a compra americana foi maior, ou um pouco maior, do que a compra brasileira.

Vamos ao que o leitor mais quer saber: quanto custou cada compra. A cotação do dólar no dia em que fui ao CVS era de 1,77. O preço total da compra foi 71,73 dólares, o que dá, em reais, 126,96. Na nota fiscal está especificado que, dos pouco mais de 70 dólares, o imposto foi exatamente 5,36 ou 7,47% do valor total da compra. No Brasil, a mesma compra ficou em 105 reais e 60 centavos. A compra nos Estados Unidos ficou exatos 21 reais e 36 centavos mais cara. Para muitos, trata-se de um resultado surpreendente. Não é, de forma nenhuma.

Vejamos o que nos reservam os dados relativos à renda média familiar e PIB per capita dos dois países. A renda média familiar mensal do brasileiro gravitava nessa época em torno de 1.200 reais. Assim, no Brasil, uma compra de 105 reais de itens básicos de cuidados pessoais equivale a quase 9% da renda média mensal. Nos Estados Unidos, a renda média familiar mensal é da ordem de 4.186 dólares. Tomando-se o câmbio de 1,77, a família americana recebe por mês, na média, 7.409 reais. Uma compra de 126 reais equivale a tão somente 1,7% do salário médio mensal. Conclusão: é muita injustiça! O brasileiro gasta relativamente mais do que um americano para comprar pasta de dente, desodorante, xampu, batom, creme de barbear e itens desse tipo, considerados básicos para os cuidados pessoais diários. Que diabo de mágica faz com que o brasileiro gaste 9% de seu salário com tais coisas, enquanto o americano gasta menos de 2%? Ah, *last but not least*, o PIB per capita deles é da ordem de 46.381 dólares; o nosso, de 10.514; a distância entre os dois PIBs per capita é mantida se forem calculados pelo método da Paridade Poder de Compra.

Devemos ter em mente que a renda média mensal das duas economias tem impacto sobre o preço final dos produtos. Para que um produto chegue às estantes das respectivas farmácias, ele teve que passar por caminhões, empilhadeiras, caixas etc. Por mais que toda a logística seja automatizada, há salários a serem pagos. O trabalhador norte-americano é bem mais caro do que o brasileiro. Assim, se lá a compra somou 126 reais e aqui 105, os salários dos trabalhadores envolvidos no transporte e na venda dos itens de consumo representam uma fatia maior do preço final nos Estados Unidos.

É possível considerar que dois fatores devem contribuir para que o preço final nos Estados Unidos seja mais baixo do que aqui: os ganhos de eficiência na produção e, uma pequena parte, os ganhos de escala. Na loja da CVS, onde fiz a compra, há duas maneiras de pagar. Uma delas todos conhecemos, porque existe no Brasil: passa-se no caixa, uma pessoa nos atende. A outra maneira é o pagamento automático. O cliente entra em um caixa sem qualquer pessoa para atendê-lo. Ele mesmo passa os códigos de barra em um escâner, comunica à máquina quando acabou de passar os produtos, recebe de volta a informação do preço final da compra, deposita o dinheiro em uma máquina e recebe de volta o troco. Esse ganho de eficiência visa, obviamente a reduzir os custos dos salários, já que eles são elevados. Quanto mais máquinas estiverem envolvidas em todo o processo de estoque, logística, distribuição e venda, menores serão os custos a serem repassados ao consumidor. Salários elevados são um grande incentivo a investir em tecnologia.

Não há tubos pequenos de pasta de dentes nos Estados Unidos. Eis a redução de custo advinda dos ganhos de escala. Já que haverá uma enorme mobilização para produzir e vender os produtos, que seja de uma vez por todas; isso equivale a produtos vendidos em grande volume. Diluem-se os custos. Além disso, o consumidor perde menos tempo fazendo compras. A compra mínima de lá é maior do que a compra mínima daqui. Vai-se menos às lojas com essa finalidade.

Sobraram para os brasileiros os custos dos impostos. É isso que nós pagamos. A compra dos itens básicos representa 9% de nossa renda mensal porque pagamos, na média, 40% de impostos em tudo o que compramos. Para que a mesma compra que fizemos em São Paulo ficasse em 1,7% de nosso salário médio, ela teria que ter custado 20 reais e 40 centavos. Invertendo-se o cálculo, no caso norte-americano, se a compra feita em Nova York representasse 9% da renda média do americano, teria custado 666 reais. Pois bem, leitor, é isso que nós pagamos no Brasil. Sustentamos um governo ineficiente e caro.

Nossos políticos de todos os matizes precisam fazer, regularmente, compras equivalentes no Brasil e nos Estados Unidos. Precisam também comparar os preços de tais compras considerando-se a renda média mensal dos dois países. Precisam, acima de tudo, ser sensíveis a essa aberração e passar a nos representar de verdade. Nesse caso, isso quer dizer defender o pobre cidadão, o consumidor brasileiro. Não há medidas técnicas, discurso técnico ou qualquer coisa do gênero que preceda ao discurso da redução de impostos. O brasileiro não quer nomes difíceis como carga tributária, reforma tributária ou coisa que o valha. Ele quer algo simples e direto: redução de impostos, em particular aqueles impostos que tornam os preços do que consumimos no Brasil uma aberração diante do que é comprado nos Estados Unidos.

Os argumentos técnicos não resistem a este exercício prosaico e simples: fazer a mesma compra nos dois países e comparar o preço final da compra com os salários médios da economia.

# Os gargalos do Brasil

Saúde, carro e avião são os grandes emblemas de um Brasil que quer e precisa mudar. A Constituição de 1988 criou o Sistema Único de Saúde (SUS). Mal comparando, trata-se do equivalente brasileiro ao National Health System (NHS) britânico: todos têm direito à saúde pública. Na Grã-Bretanha, de qualidade; no Brasil, supostamente. O Brasil era um país rural, tornou-se urbano. É muito comum que pessoas de destaque, na faixa dos 60 ou 70 anos de idade, mencionem que no passado o ensino público era de qualidade. Eles mesmos seriam o próprio exemplo disso, posto que foram formados em escolas públicas de renome, como o Colégio Pedro II no Rio de Janeiro. A questão é outra: quantos analfabetos foram gerados para cada indivíduo formado por uma escola do padrão de um Pedro II? Trata-se, portanto, de um argumento elitista. Massificar implica perda de qualidade.

A geladeira da vovó durava anos, mas poucos a tinham. A minha geladeira (que tem durado muito, apesar da ferrugem na porta devidamente eliminada por uma firma de manutenção) foi comprada quando me casei, no início de 1998, na farra dos importados do câmbio fixo. É uma geladeira norte-americana; junto com o manual de funcionamento, vêm as instruções de como jogá-la fora. É preciso desconectar a porta do corpo da geladeira, porque isso evita que eventualmente uma criança brincando na rua (a geladeira é colocada na porta de casa para que o lixeiro a recolha) se prenda inadvertidamente na geladeira. Não por acaso, a geladeira é norte-americana. Todos podem consumir, ainda que a qualidade não seja a mesma da geladeira da vovó.

Saúde, carro e avião são emblemas da dificuldade do Brasil em massificar o acesso às facilidades da vida moderna. Massificou-se o sistema de saúde por meio do SUS, e ele entrou em colapso. Baixou-se o preço das passagens aéreas, e tivemos o caos aéreo com direito a dois grandes acidentes no período de menos de um ano. Barateou-se o preço das compras financiadas, e mais pessoas puderam comprar automóveis, inviabilizando o trânsito não apenas de São Paulo, mas, façamos justiça, da maioria das capitais brasileiras. Vivemos em uma sociedade que foi formatada para poucos: poucos estudaram em escolas públicas de qualidade, enquanto, à época, a grande massa que vivia no campo não tinha nenhuma escola por perto; poucos voam de avião, mesmo que muitos outros já possam pagar por isso; poucos devem ter carro e usá-lo, caso contrário as cidades param. A lista é grandes e o que une os bens e serviços, sejam eles públicos ou privados, é a nossa incapacidade de atender a todos.

Isso lembra o slogan do governo Lula: Brasil, um país de todos. Uma pena que a resolução do caos aéreo tenha vindo por meio do aumento do preço das passagens. Absolutamente fantástico. Já que não é possível atender a mais gente, já que não temos a capacidade gerencial de fazer com que o sistema funcione, incorporando mais consumidores, a solução é muito simples: reduza-se o número de passageiros. Às vésperas do primeiro turno da eleição presidencial de 2006, o avião da Gol foi tragicamente abatido pelo Legacy. Considerando-se o nosso tráfego aéreo comparativamente ao tráfego na Europa ou nos Estados Unidos, trata-se de um acontecimento inaceitável. Sabe-se que é preciso que muita coisa não funcione para que ocorra um acidente aéreo; diz-se que são necessários pelo menos seis erros consecutivos. A minha questão aqui é institucional. Será que temos as instituições necessárias para dar segurança ao tráfego aéreo, caso ele aumente muito? Nós realmente sabemos qual a proporção de controladores de voo que falam um inglês suficientemente bom para não colocar em risco a comunicação entre a torre e as aeronaves? Ora, se há uma falha desse tipo, é preciso atuar para que ela seja sanada.

O acidente da TAM em julho de 2007, em Congonhas, ocorreu em um período de pico de utilização daquele aeroporto. Todo acidente tem causas diretas, mas há também as indiretas. Qual foi a primeira medida tomada após o acidente de 2007? Reduzir pousos e decolagens em Congonhas. Isso tem a ver com o quê? Não apenas com a conveniência dos passageiros ou o desejo das companhias de operar em um aeroporto que gere maiores lucros, mas também com a nossa incapacidade de tomar as medidas necessárias para popularizar o acesso a bens e serviços. Por que não existe no Brasil uma ligação de metrô ou trem para os aeroportos que ficam mais distantes dos centros da cidade? No Rio de Janeiro, a Linha Vermelha, construída pelo suposto socialista Leonel Brizola, desafogou o trânsito da avenida Brasil e facilitou, dentre outras coisas, o acesso de quem tem carro ao aeroporto do Galeão. Nada foi feito, porém, para unir o aeroporto ao centro por meio de uma ligação ferroviária.

Em Londres, quem quiser ir em 20 minutos da área central da cidade para o distante aeroporto de Heathrow só precisa tomar um trem na estação de Paddington. Em 1992, foi inaugurado em Munique o aeroporto Franz Josef Strauss, em substituição ao antigo aeroporto Munique Riem. Distante 28 quilômetros do centro, junto com o novo aeroporto foi feita uma ligação ferroviária para a cidade. Alguns vão dizer que isso reflete a preocupação dos europeus com o transporte coletivo, mas segue a pergunta: transporte coletivo para quê? Ora, para popularizar o acesso a bens e serviços.

O mesmo transporte coletivo que falta às cidades brasileiras. É por isso que nossas cidades, e não somente São Paulo, vivem hoje o caos urbano do trânsito. No passado, em Brasília, quem trabalhava na esplanada dos ministérios ia almoçar em casa com maior frequência do que hoje. Quem trabalhava na Câmara dos Deputados estacionava o carro mais próximo do que hoje. No Rio, os congestionamentos de volta do trabalho para casa são mais do que comuns. Para quem mora no subúrbio ou na baixada fluminense, tanto o trajeto de ida ao centro quanto o de volta são extremamente demorados. As cidades do Nordeste, todas elas repletas de ruas estreitas, já vivem, ao menos na percepção de seus habitantes, o caos dos engarrafamentos. No Brasil, andar de ônibus é coisa de pobre. Em Manhattan, a ligação Norte-Sul é feita majoritariamente pelo metrô, enquanto a Leste-Oeste fica com os ônibus. Lá, como nas capitais europeias, ônibus não é coisa de pobre. No Brasil, é de pobre porque é ruim mesmo: são sujos, não têm ar-condicionado, os chassis são de caminhão, dificultando subir e descer, isso tudo para não falar da insegurança que ronda os passageiros. Ofereça-se um transporte que mereça ser chamado de decente, que ele deixará de ser associado à pobreza.

Carro e avião sempre nos levam para a infraestrutura, porém a saúde é o mais grave problema diário da nossa população. Não cumpre aqui debater se há poucos recursos ou se eles são suficientes, mas temos a certeza de que há um problema de gestão. Sem trocadilho, o problema de gestão da saúde está mais do que diagnosticado. Colocando-se uma lupa, o grande problema que aflige a quem depende da saúde pública é o tempo de espera para consultas e exames. Quando uma pessoa sem plano de saúde cai doente, ou quando precisa de uma consulta, bate à porta dos postos de saúde. Vai lá com o objetivo de marcar uma consulta médica, obter um diagnóstico que pode ou não exigir um ou mais exames. O mais comum é que, no posto de saúde, comuniquem a ela que deve voltar em 30 ou 45 dias para aí então conseguir marcar a data da consulta. Veja bem, é bom repetir, ela terá que voltar depois de mais de um mês para só então marcar a consulta. Quando ela conseguir esse intento, terá que esperar mais um bocado, talvez novamente mais um mês ou 45 dias. O mesmo vale para os exames. Trata-se de uma situação inominável.

As consequências desse caos são dramáticas: o paciente se automedica, fica sem assistência e se cura, fica sem assistência e a doença piora, vai para um município vizinho onde o atendimento é um pouco melhor e, o mais comum, vai para um hospital. O hospital não foi feito para consultas e exames. Hospital é lugar de emergência, cirurgia e internação. Os exames ali feitos são com essas finalidades. Ainda assim, o hospital não pode negar o atendimento. Resultado, uma consulta que iria durar uns 15 minutos em um posto de saúde dura cinco minutos em um hospital. O paciente sai, pelo menos, com uma receita médica e a crença de que foi finalmente atendido. Tanto eu como meus leitores temos planos de saúde ou podemos pagar do próprio bolso nossas despesas médicas. Mas, creiam, a narrativa anterior reflete fielmente o que acontece hoje no Brasil do SUS. Se desejarem ver um resultado dramático e concreto desse sistema, basta que fiquem 30 minutos em algum terminal de ônibus movimentado de uma capital brasileira. Em meia hora, vamos ver várias pessoas amputadas passar. Na maioria dos casos, complicações com diabetes que resultaram em alguma amputação. É um cenário dantesco. Quem tem doença crônica no Brasil e depende do sistema público para o devido tratamento vive maus bocados. É um sofrimento. Tudo isso tem a ver com a nossa incapacidade de popularizar o acesso a bens e serviços.

Para atender às demandas populares não bastam boas intenções, é preciso capacidade de gestão. Nossos gestores públicos, à direita e à esquerda, têm, neste particular, uma enorme oportunidade. O prefeito que for capaz de massificar o acesso a uma saúde de qualidade, o governador que fizer o mesmo no transporte e na segurança, e os governantes — legislativo e executivo — que fizerem e implementarem um programa de massificação de tudo que é demandado, posse de automóveis, acesso ao transporte aéreo etc., todos serão reconhecidos pela população no momento oportuno. O recado, creio, é mais para o setor público do que para o setor privado — este já fez o seu dever de casa.

# Os gargalos do Brasil, sempre e novamente

Nossa sociedade foi feita para poucas pessoas, mas agora, depois de muitos anos de aumento do poder de compra, o desenvolvimento econômico vem pressionando o sistema político a atender às demandas de toda a população brasileira. Não apenas a economia pressiona a política, mas a política (eleitoral) pressiona a política (institucional) a fazer coisas que antes eram apenas para alguns.

Sabe-se que tanto na vida dos indivíduos quanto na vida dos países existe o que os historiadores chamam, para os países, de "submissão à trajetória": o lugar aonde você pode chegar depende do seu ponto de partida. Uma pessoa filha de pais com escolaridade muito baixa, nascida nos grotões do Brasil, pode (e provavelmente vai) melhorar de vida caso migre para uma cidade maior e consiga galgar os anos escolares até completar uma faculdade. Ainda assim, é provável que não consiga alcançar o mesmo nível econômico de uma criança filha de pais com instrução superior completa, nascida e criada numa capital de estado que já tem seu destino selado, com a oportunidade de cursar uma boa universidade. Sempre haverá exceções, mas a regra estatística é clara: o segundo tenderá, na média, a ir mais alto na pirâmide social do que o primeiro.

Com os países, acontece o mesmo. Vejam-se alguns episódios do nascimento e formação de Brasil e Estados Unidos. Aqui, as caravelas que deixaram Portugal para descobrir e ocupar o Brasil foram financiadas pelo governo. Nos Estados Unidos, os peregrinos fanáticos puritanos que deixaram a Holanda e passaram pela Inglaterra compraram o *Mayflower*, o navio que os levou para o Novo Mundo. O financiamento da expedição que resultou no Brasil, seja o descobrimento ou a vinda de Dom João VI, foi público. O financiamento que resultou no povoamento europeu no que viria a ser os Estados Unidos foi privado.

Adicionalmente, os ingleses homens que foram para a América eram todos alfabetizados. Liam e escreviam fluentemente, podendo assim registrar com detalhes cada dia de seu novo empreendimento. Isso é a ponta do iceberg: quem foi para os Estados Unidos formava certo tipo de elite na Inglaterra. Uma classe média rural, pequena proprietária de terras, que vendeu suas posses para comprar um navio e pagar à tripulação.

No Vale do Itajaí, onde em 2008 se abateu a tragédia das chuvas em Santa Catarina, a ocupação teve forte influência alemã. Lá, a terra foi recortada em pequenos pedaços, e os alemães trazidos para o Brasil compraram esses minifúndios. Eles passaram a produzir em pequenos roçados com a mão de obra familiar. O mesmo aconteceu na Nova Inglaterra, com uma diferença importante: a escravidão foi nacional no Brasil, ao passo que nos Estados Unidos ela se restringiu ao sul do país. As semelhanças entre Santa Catarina e a Nova Inglaterra, em termos de nível de igualdade, devem-se ao padrão de ocupação rural e disseminação da educação. As diferenças na desigualdade de renda foram geradas na adoção (ou não) do sistema escravista.

Ser ou não ser rico, ser ou não ser desenvolvido está relacionado com um fenômeno específico da "submissão à trajetória": o nascimento de uma sociedade a partir de um grupo de classe média ou a partir de dois grupos muito desiguais. O *Mayflower* levou para a América pessoas todas elas muito parecidas entre si, retiradas da classe média alta britânica. Não foi isso que aconteceu no Brasil. Lá não se discute se todos devem ter acesso ou não à maioria de bens e serviços. Aqui isso é um problema.

A posse de automóvel é um grande símbolo do caráter elitista de nossa sociedade. Dados recentes mostram que no Brasil há 24 carros para cada 100 habitantes. A mesma estatística mostra que inúmeros países estão mais bem posicionados do que o Brasil: Hungria, Polônia, Dinamarca, Portugal, República Tcheca, Irlanda e Grécia. Na terra de Platão e Aristóteles, há 41 automóveis para cada 100 habitantes, exatamente o mesmo que em Santa Catarina. Não é mera coincidência o fato de Santa Catarina ostentar a menor desigualdade de renda do Brasil; é o estado que apresenta o menor índice de Gini, o indicador mais utilizado para mensurar a desigualdade. O nosso melhor estado na disseminação do automóvel está no mesmo patamar da Grécia.

São Paulo, o estado, e não a engarrafada cidade, tem 37 carros para cada 100 habitantes, pouco menos que Portugal e um pouco mais do que a Polônia. É covardia comparar o Brasil, nesse indicador, com Espanha, Canadá ou Bélgica. Nesses três países, existem 47 carros para cada 100 habitantes.

Voltando ao tema da escravidão e da desigualdade, os piores estados brasileiros quanto à disseminação do automóvel são os que tiveram a mais forte herança da escravidão, na sua versão mais desigual, porque combinada com o latifúndio: os nove estados do Nordeste ocupam as 13 últimas posições.

Identificado o problema e feito o diagnóstico, o leitor vai se perguntar: o que fazer para melhorar? As decisões técnicas, todos sabem: investir pesadamente em educação, reduzir impostos, cuidar dos serviços públicos, aumentar a eficiência dos gastos públicos etc. Quanto ao automóvel, especificamente, basta reduzir drasticamente os impostos. Nos Estados Unidos, há lugares onde os impostos sobre a compra de carro estão próximos de zero, assim como as taxas cobradas para utilizá-los. No Brasil, salvo melhor juízo, os impostos estão em torno de 40% do preço final do carro, assim como na compra de um litro de gasolina.

A solução técnica, portanto, é simples: o governo federal deveria reduzir de 40% para zero, 5% ou 10% o peso dos impostos no preço final dos carros. Qualquer redução desta magnitude possibilitaria que muitas famílias pudessem realizar o sonho do primeiro carro, e ainda sobraria dinheiro para comprar outras coisas. Feita a sugestão, virão os técnicos para explicar o resultado financeiro imediato desse tipo de medida. Depois de inúmeras contas, será mostrado que a queda na arrecadação no curto prazo poderá paralisar vários serviços do governo. A controvérsia será grande. Porque outros vão provar que esse efeito vai durar pouco e que depois de algum tempo, no médio prazo, a arrecadação aumentará, como resultado do aumento geral da atividade econômica decorrente da ampliação do consumo de carros. Feitas todas as contas, ver-se-á que há argumentos técnicos para todos os lados, o que não há é a decisão de reduzir o impacto dos impostos no preço final ao consumidor dos bens de consumo. Eis o sintoma de nosso caráter elitista.

Mais uma vez, exemplos desse tipo existem aos montes. A fonte do mal é a mesma: obstáculos políticos e culturais à ampliação da democracia no Brasil. Leia-se agora democracia como igualdade social, tal como há nos Estados Unidos. Não há mistério ou passe de mágica, outras nações já passaram pelo que estamos passando. A nossa vantagem é que não precisamos inventar nada, basta seguir os passos daqueles que estão na nossa frente.

# Como a elite empresarial erra ao tentar mobilizar a sociedade para a redução de impostos

Precisamos deixar de empregar a expressão "carga tributária" e passar a dizer simplesmente "imposto". Precisamos esquecer a ideia de reforma tributária e passar a defender a redução dos impostos. Não devemos mais tocar no assunto fiscal, mas sim no tema dos impostos. O nome do problema é imposto. Não é problema fiscal, carga tributária, repartição entre municípios, estados e união. Aliás, o tema da repartição é típico da chamada reforma fiscal, um tema que diz respeito diretamente aos políticos e muito indiretamente aos cidadãos. O que nós, cidadãos, queremos é a pura e simples redução dos impostos que pagamos. Não a redução do número de impostos, mas a redução do quanto pagamos. Não importa como venha esta redução, se por meio da diminuição linear de todos os impostos, se por meio da diminuição do número de impostos que pagamos, o importante é que nós, cidadãos, tenhamos mais dinheiro no nosso bolso.

É isso que os brasileiros querem. É assim que a nossa elite dirigente — e neste momento endereço estas palavras especificamente a empresários e executivos dedicados à militância pela redução de impostos — deveria se dirigir à população. Chega de discurso empolado do tipo: "É preciso uma forte redução de nossa carga tributária, de tal maneira que o Brasil ganhe competitividade global." Esse discurso é tecnicamente correto, mas não sensibiliza aqueles que têm o voto nas mãos.

O meu livro *O dedo na ferida: menos imposto, mais consumo* foi resultado de uma ano de pesquisas acerca do que o brasileiro pensa dos impostos. A conclusão é muito clara: os brasileiros de todas as classes sociais sabem que pagam impostos, consideram que pagam muito, acham que somente os pobres é que os pagam, e gostariam que eles fossem reduzidos. Esses mesmos brasileiros acreditam que com a redução dos impostos poderiam comprar mais, e que os empregos de carteira assinada seriam melhores e mais numerosos. Além disso, há também a crença de que a redução de impostos não prejudica o funcionamento dos serviços públicos. Antes, pelo contrário, o brasileiro médio crê que é possível reduzir impostos e melhorar os serviços públicos, bastando para isso combater a corrupção e o desperdício. Com a redução de impostos, a economia iria girar mais, e o governo acabaria aumentando a arrecadação.

É esse o discurso perfeito para candidatos a qualquer cargo, em qualquer eleição, que queiram ter milhares de votos. Defender a redução de impostos é popular. É esse discurso que nossas elites empresariais deveriam adotar de agora em diante. O já batido discurso técnico e empolado serve para persuadir racionalmente nossos supostos representantes de que a redução de impostos é algo relevante. Vários documentos técnicos, inúmeras teses de mestrado e doutorado, e um sem número de outras publicações há anos vêm sendo enviados aos nossos senadores e deputados para lhes mostrar que a redução de impostos seria benéfica para todos, inclusive para eles. Nossos legisladores leem tais documentos e respondem: vocês estão certos, precisamos realmente reduzir os impostos. Mas nenhuma ação se segue a essa resposta. Ao contrário, a Câmara de Deputados e o Senado Federal votam invariavelmente a favor de projetos que aumentam os gastos.

A sociedade já convenceu seus representantes de que a redução de impostos é necessária. Já os convenceu racionalmente. Porém, vivemos no mundo real, não no mundo ideal de Platão, o mundo do rei-filósofo. Em política, não são os argumentos racionais que contam, mas os incentivos reais. É por isso que nossos representantes não baixam os impostos, ou seja, apesar de racionalmente convencidos, eles não têm incentivos para fazê-lo. O incentivo virá quando a grande massa detentora dos votos disser: voto em quem reduzir imposto. É por isso que nossos empresários precisam abandonar o quanto antes o discurso técnico, o discurso endereçado a si próprios e aos políticos, e passar a falar com toda a sociedade. É preciso fazer o discurso de mobilização, o discurso que está em meu livro sobre os impostos.

O ex-presidente Lula afirmou em maio de 2010 que um país que paga somente 10% de impostos não tem estado. A resposta é simples: um país que paga 36% de impostos, como é o caso do Brasil, não tem sociedade. Ou melhor, tem sim, mas é aquela sociedade folclórica que já conhecemos, do futebol, cerveja, mulher e carnaval. Falta-nos a sociedade pujante economicamente na qual seus cidadãos têm oportunidades na vida suficientes para afastá-los do crime e da ilegalidade. A sociedade na qual todos têm carros, e não apenas 33%; todos viajam de avião, e não somente 20%; todos podem ter acesso aos principais e mais desejados itens de consumo. Já que não temos tal sociedade, sobram-nos realmente o carnaval e o futebol. A propósito, tomara que o Brasil seja campeão em 2014.

Não é mais necessária no Brasil nenhuma campanha de conscientização acerca dos impostos, é isso que o meu livro mostra. O que precisamos agora é mobilizar a população. Precisamos lançar no Brasil uma espécie de caravana da redução de impostos que percorra todo o país recolhendo assinaturas para pressionar nossos legisladores a tirar menos dinheiro de nossos bolsos. Infelizmente, a Constituição veda a iniciativa popular em matéria tributária. Vejam como nossos políticos são hábeis. A iniciativa popular pode existir, como de fato foi o caso, para o projeto ficha-limpa. Porém, o mesmo não pode ser feito quando o assunto são os impostos. Essa matéria é de iniciativa exclusiva de deputados, senadores e do presidente da república. Antes da Constituição de 1988, nem o poder legislativo podia tratar desse assunto. Note, leitor, que isso demonstra de forma cabal que ao tocar no tema dos impostos estaremos realmente colocando o dedo na ferida.

Esqueçamos por um momento o combate à corrupção. Se houver redução de impostos, eles terão que combater efetivamente a corrupção. Não somente ela, mas também o desperdício. Quantas ruas de nossas cidades são asfaltadas e reasfaltadas em menos de quatro ou oito anos? E quantas outras são ruas de barro, sem calçamento algum? Isso é desperdício. Os políticos dizem que são necessários mais recursos para que todas as ruas sejam asfaltadas; a população afirma que para tal bastaria utilizar melhor os recursos existentes. A população pensa o mesmo a respeito da saúde, da educação e da segurança pública. Nas campanhas eleitorais os políticos insistem em dizer que vão colocar mais dinheiro em tais áreas. Não é o que a população quer ouvir; ela quer ouvir que serão mais bem utilizados os recursos existentes.

Serra caiu nessa armadilha quando foi candidato em 2010. Ele prometeu criar dois novos ministérios, o da Segurança Pública e um outro para tratar das pessoas desassistidas, como os portadores de deficiências. Isso significa que sairíamos dos atuais 37 ministérios para 39. Aumento do número de ministérios significa que nós iríamos pagar a conta. A defesa de mais gastos por parte de Serra me causou grande estranheza. No dia em que Lula foi eleito a primeira vez, tive a chance de dar uma entrevista ao vivo comentando o resultado e o que se deveria esperar do novo governo. Disse que em muita coisa ele seria parecido com o governo anterior em termos de política econômica, inclusive no tocante ao aumento de impostos. Completei afirmando que governos de esquerda aumentam impostos não porque se trata de uma necessidade, mas porque está no DNA da esquerda. A declaração de Lula acerca da carga tributária de 10% é a prova desse DNA.

O que se espera da oposição, mesmo que se declare sendo de esquerda (não há direita declarada no Brasil, em função de nossa enorme desigualdade de renda), é que diga o contrário:

que os impostos não serão aumentados. Serão, isto sim, reduzidos. Quem nos representará nesse tema? O brasileiro não tem a ideologia norte-americana da redução de impostos. Mas tem o pragmatismo. O brasileiro médio quer comprar mais, quer dinheiro no bolso. A redução temporária do IPI mostrou-lhe de forma eloquente que menos imposto resulta imediatamente em mais consumo. Está aí um bom lema de campanha para qualquer candidato a qualquer cargo público no Brasil de hoje: menos imposto, mais para você. A adoção da CMPF, seguida de sua revogação, demonstrou à população que mais imposto não melhora a saúde. Aliás, não melhora a saúde, não melhora a educação, não melhora a segurança pública. Ao contrário, menos imposto melhora a minha capacidade de compra. É isso que o povo quer, é isso que o meu livro mostra.

# Grandes fortunas e pequenas misérias

Dilma foi lançada candidata em uma quinta-feira que se seguiu à quarta-feira de cinzas de 2010. Diga-se de passagem, uma data ruim para os gênios da comunicação e do marketing. Tratava-se do rescaldo do carnaval, e a reunião política do PT dividiu espaço de TV com as entrevistas de Paulo Barros, o carnavalesco campeão no Rio de Janeiro. Naquele evento, além da candidatura de Dilma a presidente, foram lançadas também algumas propostas de campanha da candidata de Lula. Uma delas foi a taxação das grandes fortunas.

Essa medida tinha por objetivo mostrar ao eleitorado que o PT e seus políticos têm um compromisso real com os pobres deste país. Taxar as grandes fortunas é uma maneira de conseguir mais recursos, que serão direcionados a programas para a redução da pobreza. Em um país tão desigual como o nosso, no qual os poderosos sempre têm vantagens lícitas e ilícitas, seja pelo uso do dinheiro ou de sua posição social, nada mais louvável do que um governo que proponha reduzir (um pouquinho) as fortunas dos ricos. Por meio do bolsa-família, o governo do PT melhora a vida dos pobres; com a taxação das grandes fortunas, ele piora a vida dos ricos, mas a medida é justificada pela causa nobre de continuar melhorando a situação dos pobres.

Todos sabem que no Brasil a melhor maneira de combater a pobreza e diminuir a desigualdade é menos pela taxação das grandes fortunas e mais pelo alívio das pequenas misérias. Exatamente, há poucos no Brasil que têm uma grande fortuna, mas há milhões que recebem por mês uma pequena miséria. Esses milhões sofreram nas mãos da administração de Lula, este curioso governo supostamente defensor dos pobres que, depois de oito anos à frente de um poder executivo quase imperial, em nenhum momento aliviou a carga tributária das pequenas misérias.

Justiça seja feita, o governo aliviou sim a carga tributária dos que ganham pouco, reduziu o IPI dos automóveis, geladeiras, máquinas de lavar roupa, fogões e tanquinhos. Mais, reduziu o imposto que incide sobre as motos, material de construção e o IPI dos móveis. Foi uma redução temporária, até para fazer jus ao ditado que diz que alegria de pobre dura pouco. Esta desoneração, feita, de forma genial, com o dinheiro dos outros (dos municípios, e não do governo federal), teve a finalidade de manter elevado o consumo em meio a uma crise internacional de enormes proporções. Combinada com a redução de juros promovida pelo Banco Central, a redução de impostos teve grande sucesso, o Brasil quase não sentiu a crise.

Aliás, de todos os bens antes mencionados, dois atingiram diretamente o bem-estar dos pobres: material de construção e móveis. As demais desonerações, em particular a do IPI dos automóveis, foram para satisfazer as classes A, B e C. A título de curiosidade, não mais do que 30% das pessoas da classe C têm automóvel; nas classes D e E, essa proporção é menor do que 5%. Dizem que o imposto que incide sobre o nosso carro é dos maiores do mundo. No dia 8 de março de 2010, em um evento no Rio, Lula afirmou: "Eu quero que os pobres também tenham carros." Foi além e disse algo muito verdadeiro, no que diz respeito àqueles que têm carros e querem que sejam feitos mais e mais metrôs: "Aqueles que pensam isso têm o seu próprio carro. Eles querem que os pobres deixem a rua livre para eles. Nós queremos ter o direito, nem que seja para, quando chegar o sábado, colocar o carro na porta de casa e ficar a família inteira lavando a calota e passando a mão no carro."

Alguém deixou de dizer a Lula que ele poderia ter feito isso enquanto governou o Brasil. Teve por oito anos a faca e o queijo na mão, o poder de beneficiar todos os pobres brasileiros, permitindo-lhes comprar o seu carrinho. Bastava que para isso tivesse reduzido os impostos que incidem sobre a fabricação de carros mais ou menos para o mesmo patamar vigente nos Estados Unidos. Aliviando-se esse imposto que prejudica basicamente as pequenas misérias, despencaria o preço do carro zero e, consequentemente, do usado. Muitos brasileiros que ganham muito pouco comprariam seu primeiro carro, caso o presidente realmente desejasse isso.

O discurso do presidente não encontrou respaldo em suas ações. Se ele disse que queria que os brasileiros tivessem carro, repito, deveria ter tomado as medidas que levariam a isso. Haverá quem elenque, em defesa do ex-presidente, várias justificativas técnicas para não reduzir tais impostos, todas elas menores, creio eu, menos relevantes do que o desejo sincero de melhorar a vida dos pobres. Algum economista poderia fazer as contas e mostrar que uma redução substancial dos impostos que incidem sobre os carros poderia, depois de algum tempo, aumentar a arrecadação do governo, porque as pessoas comprariam carro, gasolina, peças de reposição etc.

Diminuir o IPI de alguns bens por um período determinado é uma enorme perversidade. Pode-se fazer isso justamente porque os impostos que impedem os brasileiros pobres de consumir são elevadíssimos. O raciocínio do governo foi simples e seguiu a seguinte lógica: coitadinhos, com a crise vão comprar ainda menos. Sabe de uma coisa? Vamos reduzir os impostos por algum tempo e depois tornamos a aumentá-los. Vamos dar aos pobres uma pequena provinha do que seja ter produtos mais baratos da noite para o dia. Depois, danem-se os pobres, voltaremos a aumentar os impostos; afinal, precisamos sustentar nosso estado perdulário e gastador.

Igualmente impressionante é que não houve uma voz de peso na oposição que tenha se levantado para mostrar que o discurso de Lula sobre os pobres terem carro era palavra vazia. Eu não sou político, trabalho com opinião pública e coordeno pesquisas para saber o que a população pensa sobre diversos temas. O que sei é que a população brasileira, e isso é comprovado por pesquisas, apoia de maneira maciça a redução de impostos, em particular se isso ajudá-la a comprar mais e a conseguir empregos melhores. Cabe aos políticos representarem esse desejo do eleitor. A grande maioria quer menos impostos, mas nossos representantes não vocalizam esse nosso desejo.

Ao lançar Dilma, o PT mostrou querer taxar as grandes fortunas para fazer justiça social. O PT também gostaria que os pobres pudessem ter o seu carro. Seria uma medida de justiça social. Vamos lá então; resta-nos torcer para que a oposição mostre que fazer tudo isso é mais fácil do que se imagina, basta transformar a voz do povo na voz dos políticos. Antes que algum desavisado venha com a velha crítica, cabe enfatizar que reduzir imposto no Brasil não é uma medida neoliberal. Em 2009, a Polícia Federal detectou aproximadamente 30.000 focos de corrupção. Vivemos no país de vários mensalões, mensalinho do Severino, licitações suspeitas, anões do orçamento e um sem-número de casos de desvio do dinheiro de nossos impostos. Reduzam-se a corrupção e os impostos, que será possível aumentar o tamanho do estado, como quer o PT.

Se Deus é brasileiro, torço sinceramente para que opere o milagre de fazer surgir um grande líder de oposição, um grande partido que defenda o consumo e o emprego por meio da redução do imposto que incide sobre as pequenas misérias. Aliás, se eu fosse um político de oposição, vincularia a aprovação da taxação das grandes fortunas, caso o governo Dilma realmente leve essa proposta adiante, ao alívio das pequenas misérias.

# A nossa herança escravista refletida nos impostos

Joseph Schumpeter, o renomado pensador liberal da "destruição criativa" do capitalismo, afirmou em um famoso estudo seu sobre os impostos: "Impostos não apenas ajudaram a criar o estado. Ajudaram a formá-lo. O sistema de taxas foi o organismo de desenvolvimento que entalhou outros órgãos. Com os boletos das taxas em mãos, o estado penetrou nas economias privadas e ganhou um crescente domínio sobre elas. A taxa traz dinheiro e o espírito de cálculo aos cantos que eles ainda não habitam, e assim se tornam um fator de formação no próprio organismo que a criou. O tipo e o nível das taxas são determinados pela estrutura social, mas, uma vez que elas existam, tornam-se uma muleta na qual os poderes sociais podem apoiar-se para alterar a estrutura."

O que a afirmação de Schumpeter tem de mais original é o fato de os impostos serem determinados pela estrutura social. Pare e pense sobre como é a estrutura social do Brasil. O que mais se destaca no Brasil *vis-à-vis* outros países do mundo? Será que a mistura das três raças, o índio, o branco e o negro, elemento constitutivo fundamental de nossa interpretação do Brasil, teve e tem impacto sobre a nossa estrutura tributária? É provável que não. Será que a distribuição geográfica da população brasileira, concentrando-se hoje onde antes ficava a já bastante devastada Mata Atlântica, influenciou os tributos? Também pouco provável. O que mais parece ter tido impacto sobre a nossa vida tributária é a nossa tradição, muito bem documentada e provada, de desigualdade social.

A desigualdade é a principal herança negativa da escravidão (se é que é possível dizer que a escravidão deixa alguma herança positiva). Há os que acreditam que, se não fosse a escravidão, o Brasil jamais teria chegado aonde chegou em termos de desenvolvimento econômico. Eles mobilizam o exemplo dos Estados Unidos para mostrar que o resultado mais provável da escravidão é o aumento de riqueza. Ledo engano. Lá, o país livre derrotou o país escravista. A escravidão não incentiva a inovação. Como a mão de obra escrava não é assalariada, o empregador não tem incentivos econômicos para substituir homens por tecnologia. Ao contrário, todos os países mais inovadores são aqueles onde a herança escravista ou foi menor, ou foi massacrada pela facção não escravista do país.

A nossa escravidão gerou muita desigualdade. Uma herança da qual não conseguimos até hoje nos livrar adequadamente. Ao senhor de engenho tudo: terras, rendas, estudos no exterior e até mesmo as escravas mais bonitas e sensuais. Aos escravos, apenas trabalho e mais trabalho. Finda a escravidão, tínhamos dois países bastante distintos. Um, branco e escolarizado. Outro, preto e analfabeto. Em 1875, o censo da população britânica registrou que 20% dos adultos não eram capazes de assinar o nome. Em 1991, o censo brasileiro, atrasado em um ano pelo governo Collor, registrou que 20% de nossa população era de analfabetos. A diferença é de 116 anos. Eis o resultado comparado de duas tradições: uma escravista, outra não.

É importante perceber que a extrema desigualdade social e de renda influencia os nossos impostos. Alexis de Tocqueville mostrou que todo fenômeno social fica mais imperceptível à medida que se torna mais presente. A nossa desigualdade é muito presente, portanto tende a ser pouco percebida. Isso é mais acentuado quando o que está em jogo são os impostos. O Brasil é o país da ambiguidade, do jeitinho. Muitas de nossas soluções para os mais diversos problemas seguem essa trilha. Assinamos todos os tratados internacionais, mas não necessariamente os cumprimos. Os norte-americanos dificilmente assinam um tratado, mas, quando o fazem, é para cumpri-lo.

Somos cordiais e amigáveis, tal como mostrou Sérgio Buarque de Holanda várias décadas atrás. O nosso racismo é cordial, também o é a manifestação de nossa estrutura social em nossa carga tributária. Os pobres não pagam imposto de renda. Quem paga imposto de renda são aqueles que ganham mais, os ricos e a classe média. Um visitante estrangeiro desavisado ficaria maravilhado com nossa justiça tributária. Mas a cordialidade e o jeitinho estão lá, no imposto indireto. Os pobres são aqueles cujo gasto com alimentos é o que mais pesa no orçamento familiar. A proporção desse gasto é bem maior do que a mesma proporção junto à classe média. Consequentemente, qualquer imposto indireto sobre os alimentos atinge mais o pobre do que o consumidor de classe média. Excetuando-se a cesta básica, os impostos indiretos sobre os alimentos são elevados. Eis a principal vítima: os pobres e as pessoas da base da pirâmide social.

O peso dos impostos indiretos no preço final do automóvel fabricado no Brasil atinge a casa dos 30%. Em alguns cálculos, chega a 40%. Nos Estados Unidos, os impostos representam apenas 6% do preço dos carros; no Japão, 9%; na Itália, Alemanha, França e Reino Unido, não passam de 17%. Quem impede que as pessoas mais pobres comprem um automóvel no Brasil é o governo, por meio do amigável e cordial imposto indireto. Todos sabemos de casos de pessoas assassinadas no ato de roubo de seu carro. Provavelmente esse carro foi para algum desmonte, e suas peças foram vendidas nas robautos da vida. O responsável indireto por tais assassinatos foi o governo, com seus impostos cordiais e amigáveis.

Os dados do FMI são muito eloquentes. Comparando-se o Brasil com Chile, China, Israel, Coreia, México, Rússia, África do Sul, Tailândia, Colômbia, Argentina, Bolívia, Indonésia, Uruguai, Venezuela e Peru, a média do imposto indireto sobre bens e serviços de todos esses países é de 7,9%, ao passo que em nosso país é de 14,5%. O Brasil também tributa mais quando se trata de tributos para a Previdência, que incidem sobre os salários. Nos demais tipos de impostos, o Brasil é o patinho feio. Tributamos na mesma proporção que os demais países emergentes quando se trata de renda, propriedade e comércio internacional.

Os inúmeros e pesados impostos indiretos que temos cumprem a função de explorar a população pobre sem que ela perceba. Eles servem também para sustentar funcionários públicos cada vez mais bem pagos em relação ao salário médio da economia brasileira. Essa é outra informação eloquente. Dados do Tesouro Nacional entre 2002 e 2008 mostram que os salários do Poder Judiciário e do Banco Central aumentaram em média 40%. Os salários dos funcionários das empresas públicas, do Ministério Público, do funcionalismo civil e daqueles que trabalham nos poderes legislativos subiram entre 20% e 25%. Por outro lado, o salário médio da economia não sofreu alteração. Pode ser que o aumento salarial dos funcionários públicos tenha sido necessário, mas ele poderia ter sido feito modificando-se a nossa estrutura tributária e reduzindo-se os impostos indiretos. A folha salarial do governo federal atingiu mais de 5% do nosso PIB em 2009, totalizando um gasto de aproximadamente 150 bilhões. Os reajustes escalonados já concedidos permitem estimar que em 2011 essa folha salarial alcance a marca de 200 bilhões de reais.

Qualquer semelhança com o estado renascentista, com a situação dos funcionários públicos sustentados pela sociedade na Europa do século XVII, não é mera coincidência. Hugh Trevor-Roper mostra em seu livro *A crise do século XVII* que por toda a Europa a sociedade era fortemente explorada pelo estado. Impostos crescentes sustentavam uma burocracia também crescente e ávida por mais recursos. O formidável sistema universitário, escolas e faculdades, foi fundado pelos príncipes renascentistas com a finalidade de satisfazer a demanda por funcionários públicos. Os cargos públicos eram o meio de obtenção de riqueza e poder, além de permitirem satisfazer gostos ostentatórios. Muitos anos depois, esse sistema foi varrido do mapa tanto pelas transformações advindas da Reforma Protestante quanto pela Revolução Francesa e sua exportação para fora das fronteiras da França.

Não haverá revolução no país do jeitinho. Tampouco reforma protestante, em que pese o avanço evangélico. Nossa herança católica moldou definitivamente nossa matriz cultural. Há e haverá sonegação. Haverá e há pirataria. Haverá e há violência. A violência diária do ladrão que rouba um bem para revendê-lo a preço mais baixo subtraindo o valor do imposto. Há e haverá pobreza. A bola está quicando, a nossa estrutura tributária nos brindou com uma oportunidade de ouro: defender o povo pobre por meio da redução de impostos. Aumentar o consumo das classes C, D e E por meio da redução de impostos. Reduzir impostos no Brasil, principalmente os indiretos, que incidem no preço final de bens e serviços, não pode nem deve ser um discurso elitista. Não pode nem deve ser algo capturado por empresários que querem aumentar sua competitividade. É inegável que isso seja verdade. Porém, para que o tema da redução de impostos se torne algo que realmente tenha peso na agenda política do Brasil, é preciso popularizá-lo.

# Gastos: para a Câmara dos Deputados, o céu é o limite

Quem pensa em avião pensa em céu. Quem pensa em céu pensa em limites. Porém, quem pensa em limites não pensa nem na Câmara dos Deputados nem no Senado Federal. Pode-se tudo, faz-se tudo, essa é a visão da opinião pública e do mundo jornalístico. A questão, todavia, é mais profunda do que eventuais modismos de mídia nos permitem imaginar. O nosso legislativo federal não fica muito tempo sem se envolver em escândalos, suspeitas, algumas comprovadas, outras não, e toda sorte de denúncias que dizem respeito à prática de atividades lícitas e ilícitas com o dinheiro público, ambas sem legitimidade junto à sociedade brasileira.

Pode até ser lícito ter direito a passagens aéreas; o que não é socialmente aceito é que tais passagens sejam para fins não profissionais, como tem sido o caso de deputados que vão (ou iam) com frequência para o exterior com parentes, esposas e amigos. Isso é o que pensa a sociedade. Toda discussão submetida a grandes tsunamis de mídia corre o risco de ignorar elementos racionais relevantes. Senão vejamos: não é possível ser deputado ou senador em Brasília sem que haja acesso a passagens aéreas. Se deputados e senadores não puderem ser financiados nas passagens, será preciso ser muito rico e estar disposto a gastar seus recursos para exercer sua profissão.

Os professores de nossas universidades federais, quando viajam para seminários e encontros acadêmicos no Brasil e fora dele, são obrigados a solicitar a alguma entidade de fomento, como a Capes e o CNPq, que financie suas passagens aéreas e estada. Assim como deputados e senadores, os professores de universidades federais são servidores públicos. A principal diferença entre eles é que os primeiros foram eleitos, ao passo que os professores de universidades federais são servidores públicos não eleitos. Ou seja, a viagem a trabalho de um servidor público "normal" exige justificativa, pedido de licença e solicitação de financiamento. Esse processo é simples e tem um objetivo igualmente simples: fazer com que os recursos públicos sejam corretamente direcionados.

Não há como exercer o mandato de deputado federal ou Senador sem que exista o financiamento público para isso. Decidiu-se construir Brasília, o que implicou em custos variáveis e fixos. Um dos custos fixos é permitir que nossos parlamentares possam ir e vir, semanalmente, ao trabalho. Se não houver financiamento público para isso, haverá financiamento privado, e o que é pior, com troca de favores. Hipoteticamente, uma empresa financiaria as viagens dos deputados e precisaria, em troca, que ele atuasse a seu favor. Mais do que isso, a vida profissional de um senador não se resume a ir a Brasília. Há eventos partidários em outros estados, há inaugurações que o governo federal realiza, e muitas vezes solicita-se a presença de parlamentares; existem inúmeros compromissos políticos aos quais deputados e senadores precisam comparecer, que não são nem em seus estados nem em Brasília. E é exatamente aqui que começa o debate sobre os limites, se eles estão no céu ou na terra.

A grande questão diz respeito aos limites. A primeira coisa a se deixar clara é que, qualquer que fosse a viagem, ela precisaria estar em consonância com o seu trabalho: representar seus eleitores, exercer o mandato parlamentar. A julgar pela distribuição dos destinos das viagens internacionais do escândalo ocorrido no primeiro trimestre de 2009, concentrando-se em Miami, Paris e Buenos Aires, cabe a nós, cidadãos, perguntar o que existiria em tais cidades relacionado com o exercício do mandato, mas não se aplica a todas as demais cidades do mundo. O mais provável é que tais viagens nada tivessem a ver com o exercício do mandato de deputado e senador. Ainda assim, cabe a pergunta que embute o conceito de limite: seria razoável imaginar que deputados e senadores precisassem ir ao exterior para bem exercer o seu trabalho? É uma vergonha, por exemplo, que nossos parlamentares tenham direito a passaporte diplomático.

Na CPI dos anões do orçamento, o senador Suplicy foi a Nova York em busca de informações acerca do paradeiro da esposa de José Carlos Alves dos Santos, o funcionário da Câmara que foi um dos pivôs do escândalo. Outra coisa importante. As viagens em exercício do mandato devem ser restritas ao parlamentar ou ser extensivas a seus assessores? As empresas financiam viagens de seus empregados a trabalho. Isso ocorre da maneira mais eficiente possível: se for preciso somente um para resolver o que está em jogo, então vai somente um. Porém, há situações nas quais é preciso a presença de mais de um empregado. A empresa aceita esse fato e financia a viagem de mais de um.

Outro fator importante que é preciso levar em conta é a dimensão do Brasil. Não somos comparáveis a nenhum país da Europa (trabalho com o conceito de que a Ásia começa nos subúrbios de Viena). Alemanha, Espanha e França não são continentais. A Grã-Bretanha é do mesmo tamanho do pantanal mato-grossense. Certamente, nesses países o deslocamento pode ser feito mais por qualquer outro meio de transporte (trem, por exemplo) do que por avião. O Brasil só é comparável a países das mesmas dimensões e com populações igualmente espalhadas. Além disso, nossa capital, ao contrário de Washington DC, não está na região mais densamente habitada da nação, não somos um país predominantemente inabitado, como a Austrália e a Rússia. Nossa população e consequentemente nossos representantes estão razoavelmente espalhados e distantes da capital federal. A decisão de aumentar custos já foi tomada e é irreversível. Devemos ao suposto grande estadista Juscelino Kubitscheck a decisão de construir Brasília.

Não encerramos a lista de argumentos racionais e, portanto, na contracorrente do que eu denominei de modismo de mídia. Até aqui, o que os argumentos indicam é que é preciso haver cota de passagens aéreas e que tais cotas devem ter limites abaixo do céu. Os limites não precisam ser definidos por voos domésticos, nem pelo nome do deputado no momento da emissão do bilhete aéreo; haverá casos em que seus assessores vão precisar viajar. Em qualquer situação, as viagens precisam ser justificadas. Pode até ser que, por razões de urgência, isso não possa ser feito antes da viagem, mas deve haver esse tipo de esforço. Quando não for possível, que a justificativa seja feita, bem documentada, depois da viagem. É assim a vida de todos os servidores públicos não eleitos; portanto, não deve ser diferente com os servidores eleitos. Há mais de 200 anos Robespierre, no auge da Revolução Francesa, fez o memorável discurso afirmando que o rei era um empregado do povo. Deputados federais e senadores, assim como todos os demais políticos eleitos, são nossos empregados.

Há um argumento racional de suma importância: o Parlamento brasileiro é um dos mais caros do mundo. De tempos em tempos, a imprensa brasileira publica inúmeros dados do custo do nosso Parlamento, comparando-o com o de vários outros países. São dados confiáveis que fazem corretamente a conversão do câmbio e as operações matemáticas pertinentes para tornar os valores comparáveis. Em todas as situações, o nosso Parlamento é o mais caro ou, certamente, um dos mais caros do mundo. Há muitos funcionários, muitos custos indiretos, muito desperdício, etc. Todas as sociedades fazem esforço fiscal para sustentar, por meio de tributos, seus respectivos representantes. O que essa informação mostra é que o esforço dos brasileiros é maior do que o dos espanhóis, norte-americanos, argentinos, portugueses, alemães, italianos... a lista é longa.

Não devemos nutrir ilusões de que os benefícios não salariais no Brasil sejam diferentes nos demais países. Ao contrário das profissões comuns, deputados e senadores são os únicos que têm o poder de aumentar seus próprios salários. Pergunto: o que você faria se tivesse a prerrogativa de aumentar seu salário? Não aumentaria? Há vários estudos acadêmicos internacionais que mostram que em todos os países do mundo os parlamentares aumentam seus salários até um determinado nível. O nível publicamente aceitável. Depois disso, passam a aumentar os rendimentos indiretos: passagens, verbas indenizatórias etc. Nesse aspecto, o Brasil não tem diferença alguma em relação a todos os outros países. A diferença, repito, é no volume de recursos gastos com o funcionamento das casas legislativas.

O que vem ocorrendo nos últimos anos no Brasil é uma mudança estrutural de nossa sociedade. A escolaridade da população tem aumentado em um ritmo um pouco mais acelerado do que no passado. Pessoas mais escolarizadas são mais exigentes em relação ao trato do dinheiro público. Os nossos representantes não se atualizaram no mesmo ritmo da sociedade. A sociedade está mais exigente com eles, mas eles ainda estão adotando procedimentos que seriam mais facilmente aceitos há 20 anos do que hoje. Isso precisa ser levado em conta quando se fala da falta de sintonia entre os representantes. Trata-se de um fator crucial dessa falta de sintonia.

Uma última coisa. O caso do escândalo das passagens, ele é grave não somente por conta do mau uso do dinheiro público, que é de todos nós. Talvez mais importante do que isso: os deputados e senadores têm tido nos últimos tempos acesso abusivo a algo inacessível à grande maioria dos brasileiros. Viajar de avião e ir ao exterior, ainda que tenha se disseminado mais nos últimos anos, é coisa para poucos. Mais de 80% dos brasileiros nunca fizeram nem uma coisa nem outra. Isso reforça a visão de que nossos representantes, assessores e parentes não devem ter o direito de viajar com o dinheiro público para o exterior, ainda mais em excesso. A sociedade e a opinião pública não aceitam isso.

O resultado final disso tudo, captado por qualquer pesquisa de opinião que se faça hoje, no passado e no futuro no Brasil, é uma imagem muito ruim de nossos políticos, dos partidos e do poder legislativo. A pressão da sociedade é irreversível. Mais do que isso, ela vai aumentar. O único elemento reversível desse quadro diz respeito ao que nossos parlamentares podem e querem decidir. Se eles cortarem na carne, a imagem melhora. Se não, os dados relativos à sua imagem continuarão ruins ou até mesmo poderão piorar.

# Impostos e financiamento público de campanha

Temo que, se o financiamento das campanhas eleitorais for exclusivamente público, o desejo (quase inexistente) de nossos políticos de reduzir os impostos que nos sufocam será ainda menor. Na França dos impostos elevados, a maior parte dos recursos de campanha vem dos cofres públicos, muito pouco cabendo às doações individuais. Nos Estados Unidos dos impostos baixos, ocorre o inverso: são os recursos privados de empresas e indivíduos que bancam as campanhas.

Todo sistema político é conservador. Na Grã-Bretanha, o primeiro-ministro decide a data das eleições gerais. Sua margem de manobra não é total. Há uma data a partir da qual a eleição tem que ser convocada e também uma data-limite para a sua realização. Dentro dessa janela, o primeiro-ministro pode escolher a semana que melhor convier ao seu partido. Em função desta regra, o primeiro-ministro avalia quando a sua popularidade estará mais alta e marca a data das eleições para essa ocasião. Isso tudo com a aprovação do Parlamento, onde ele tem maioria. Pode até ser que a avaliação do seu partido quanto ao ápice da popularidade se mostre equivocada. Não é isso que está em jogo aqui. O que importa é o caráter conservador do sistema: o governo tem mais chances de ficar no poder do que a oposição de tomá-lo.

No Brasil, a distribuição do tempo de TV e dos recursos públicos que vão para os partidos segue a mesma lógica conservadora. Quanto maior um partido, mais tempo de TV ele tem e mais recursos públicos obtém do fundo partidário. Essa é a lei. Uma regra anticonservadora decretaria tempo de TV e recursos rigorosamente iguais para todos os partidos. Assim, a linha de largada de todos seria a mesma. O vencedor seria aquele que tivesse maiores condições de persuadir o eleitor de sua capacidade de melhorar a vida dele. Não haveria aquele argumento típico, e verdadeiro, que ouvimos ao final de cada campanha eleitoral: fulano ganhou porque o tempo de TV dele foi o dobro do que teve o adversário.

O elemento conservador, aqui e alhures, não impede, todavia, a alternância de poder. Ele dificulta, mas não impede. Há exemplos no Brasil de partidos que já foram muito pequenos e hoje são muito grandes; o PT é um deles. O exemplo oposto também existe; eis o caso do antigo PFL e atual DEM. É que as razões do crescimento e da perda de força são muito variadas. Uma determinada agremiação pode não ter tempo de TV, mas ter base social. Outra pode ter muito tempo de TV, mas não ter um discurso persuasivo. Uma terceira pode ter tempo de TV grande combinado com discurso persuasivo, mas o seu adversário estar em um momento particularmente forte. Não importa o que ocorra, o elemento conservador da distribuição de recursos não é capaz de congelar o sistema de tal maneira que impeça a alternância de poder.

Assim sendo, caso seja adotado o financiamento público exclusivo de campanha, ele será feito na forma conservadora de distribuição de recursos, e isso não impedirá, ainda que dificulte um pouco, nem a alternância de poder nem a renovação do sistema. O financiamento público exclusivo compete, todavia, com a atual forma de financiamento, que é privada. Os políticos e partidos vão em busca dos recursos das empresas. Quando isso acontece, há partidos e políticos que obtêm mais recursos e, obviamente, outros que obtêm menos.

No financiamento privado, sempre haverá partidos e políticos mais capazes de obter recursos privados do que outros. A questão crucial está em saber o que tem impacto em tal assimetria. Nos Estados Unidos, os republicanos tendem a receber mais recursos das empresas que fabricam armas para o governo e todas as demais interessadas em gastos de guerra. Há a percepção, baseada em fatos reais, de que todo governo republicano gasta mais do que qualquer governo democrata quando o assunto é armamento. Por outro lado, as entidades de apoio à legalização do aborto, aos homossexuais e a toda sorte de minorias que dependem da ampliação dos direitos civis tendem a financiar mais os democratas do que os republicanos.

Há transparência, não há hipocrisia. Os financiadores colocam dinheiro em quem os beneficiará caso ganhe a eleição. Se os republicanos aumentarem os lucros de determinadas empresas, serão eles que obterão o dinheiro. Se os democratas ampliarem os direitos civis, serão eles os beneficiários da maior fatia de recursos de quem defende tais pontos de vista. Ao que tudo indica, isso não acontece no Brasil. Por exemplo, poderia haver um partido claramente identificado com a redução de impostos e que por isso recebesse recursos das empresas que mais se sentem sufocadas por nossa carga tributária. Poderia ainda existir um partido que, no governo, contribuísse de forma muito clara para a dinamização da agropecuária; feito isso, os pecuaristas seriam generosos na distribuição de recursos. Ao que tudo indica, isso não se encaixa em nossa realidade.

Não respondemos ainda à questão fundamental sobre o que explica a assimetria de recursos privados obtidos por diferentes partidos políticos. A nossa regularidade é clara: tem mais dinheiro quem está no governo. Eu realizei um estudo detalhado das eleições gerais de 2002, que inclusive resultou em um livro que explica por que Lula venceu aquele pleito. Neste estudo, há um capítulo inteiramente dedicado ao financiamento de campanha. Há várias conclusões importantes quando comparados os desempenhos eleitorais de PT, PSDB, PMDB e PFL/DEM. Porém, há uma conclusão claramente apartidária: quem estava no governo em 2002 tinha mais recursos para as suas respectivas campanhas.

No Acre, o PT era governo. Na campanha para o governo, senado, câmaras estadual e federal do Acre, os candidatos do PT tiveram mais dinheiro. Na Bahia, o então PFL era governo. Consequentemente, todos os candidatos ligados ao PFL, para qualquer cargo em disputa, tiveram mais dinheiro. No Maranhão, o governismo dos financiadores também beneficiou o PFL, e assim sucessivamente. Não há santos ou pecadores em tal regularidade. Se quisermos prever, em 2014, qual será a campanha mais rica nas eleições regionais de qualquer estado brasileiro, teremos que ver de qual partido é o governador em exercício no ano da eleição. É claro que qualquer regra tem exceções, ainda mais quando aplicada ao mundo político. Mas as exceções não são tantas ao ponto de descartar a existência da regra.

O governismo de nossos doadores privados mostra que nossa sociedade está a serviço do governo, e não o oposto. Aqui não é o movimento dos sem-terra que busca doar recursos para os partidos que o defenderão no governo, mas sim o governo que simpatiza com os sem-terra que os ajudará com recursos para se organizarem. Antes de pensarmos no financiamento público exclusivo, é preciso avaliarmos de forma mais transparente por que as empresas que financiam as eleições tendem a ser governistas. Feito isso, é preciso modificar em nosso sistema as causas de tal governismo.

É possível que esse governismo dos financiadores se deva ao desejo que eles têm de serem beneficiados pelo governo em contratações futuras. Sem problema, por favor, deixemos a hipocrisia de lado. Se queremos o financiamento privado, é preciso saber que só se financia aquilo que nos interessa. O mundo é assim. Porém, a assimetria de recursos é muito grande. O grande problema não é o financiamento privado, mas o fato da enorme assimetria que favorece quem está no governo, independentemente da coloração partidária. Que o governo tenha mais recursos, tendemos a aceitar. Porém, a oposição precisa de recursos para exercer seu papel oposicionista, qualquer que seja a sua coloração.

O financiamento público exclusivo poderá até atenuar essa assimetria, mas terá um custo. Repito, não haverá incentivo algum para os legisladores na redução de impostos se uma parte de tais impostos é utilizada, com exclusividade, para o financiamento de suas campanhas. O financiamento público exclusivo de campanha será um elo importante de consenso entre os políticos, e aquele que for a favor da redução de impostos será criticado por seus pares com um argumento simples: você quer que tenhamos menos recursos para as campanhas eleitorais.

# Mais impostos para sustentar os aposentados

Há alguns temas proibidos no Brasil, ao menos para um dos lados. Um desses temas é o dos velhinhos, dos aposentados. Trata-se de um tema permitido apenas para aqueles que querem aumentar os gastos públicos com a finalidade de aumentar os rendimentos dos aposentados. Não é um tema permitido para aqueles que querem conter os gastos e com isso conter os aumentos para os velhinhos. Não há sequer uma voz relevante que chame a atenção da sociedade para o fato de que toda vez que os aposentados ganham, alguém perde. A impressão geral que temos é que fazer bondades para alguns (e para poucos) não prejudica ninguém. É como se os recursos do governo fossem infinitos, ou ainda, como se tais recursos brotassem de árvores, uma espécie de oxigênio disponível para todos. No Brasil, em se plantando tudo dá, até mesmo dinheiro público. Vamos fazer a bondade de aumentar os redimentos dos aposentados, isso não prejudica ninguém.

No primeiro semestre de 2009, nossos parlamentares aprovaram a MP 475, que concedeu aos aposentados um aumento salarial acima da inflação. Passou a entrar na conta do aumento dos aposentados o crescimento econômico, nada mais nada menos do que o aumento do PIB. Quanto maior o aumento do PIB, maior será o aumento dos aposentados. O novo cálculo prevê que o aumento anual das aposentadorias seja a soma da inflação mais 100% do PIB. Qualquer deputado que fosse contra isso seria tachado de insensível diante do sofrimento dos velhinhos, um legislador contra aqueles que trabalharam a vida inteira, alguém sem o sentimento da piedade, dó. A conta de tal aumento será paga por todos nós, aposentados e não aposentados, trabalhadores do setor formal e informal.

Nossos legisladores perdem de vista o principal discurso de oposição a qualquer medida que beneficie uma minoria em prejuízo da maioria. É bem verdade que o Brasil está passando pelo bônus demográfico: há mais gente em idade de trabalho e em número suficiente para sustentar a pequena proporção de aposentados. Esse bônus será substituído em algumas décadas por um ônus demográfico, quando teremos mais velhos do que jovens em plena idade produtiva terão capacidade de sustentar. Ainda assim, mesmo levando isso em consideração, há no Brasil milhões de pessoas que nunca se aposentaram nem nunca se aposentarão.

Eu faria uma paráfrase de Marx: trabalhadores informais, uni-vos, nada tendes a perder além dos grilhões que vos prendem à exploração de que são vítimas, resultante da aliança entre trabalhadores formais organizados e legisladores hierárquicos. Isso mesmo, o Brasil tem uma forte mentalidade hierárquica. Nossa visão de mundo dominante é a de que é melhor dar mil passos com um do que dar um passo com 1.000. É melhor dar um aumento de mil para um aposentado do que dar um aumento de um para mil brasileiros, que incluam aposentados, camelôs, trabalhadores informais, empregadas domésticas, trabalhadores com carteira assinada, etc. Trata-se de algo conceitual, cultural, filosófico. Somos elitistas, e ponto final. Com perdão da expressão: dê-se aumento para os aposentados, e os camelôs que se danem.

Que se danem coisa nenhuma. A conta é cobrada pela porta dos fundos: violência, criminalidade, aumento exponencial dos crimes contra a pessoa e contra o patrimônio, pouca legitimidade da lei, mais e mais recalcitrantes. Nossos sindicalistas não estão nem aí para os trabalhadores informais, aqueles que nunca se aposentarão. Para os sindicalistas, eles nada mais são do que o resultado da exploração dos empresários. Empresários inescrupulosos que não formalizam a mão de obra com o único e exclusivo objetivo de aumentar suas já elevadas (e perversas) margens de lucro. Nossos sindicalistas acreditam piamente nisso. Lamento dizer que nossos sindicalistas hierárquicos, aqueles que não estão nem aí para o símbolo maior da informalidade, o camelô, estão equivocados.

As pequenas empresas são as que não têm condições de formalizar a mão de obra. Quantitativamente, são elas que mais geram empregos no Brasil. Como os encargos sobre o trabalho são muito elevados, elas não têm como arcar com isso. Nada tem a ver com lucros perversos ou exorbitantes de seus proprietários, que, longe de serem os capitalistas idealizados pelos sindicalistas, não passam de pequeno-burgueses. Aliás, muitos desses sindicalistas, sem terem empresa alguma, são socialmente também idênticos aos pequeno-burgueses que tanto condenam. Quem trabalha em uma pequena empresa nunca vai se aposentar. Seria interessante que, antes de dar aumentos salariais atrelados ao crescimento do PIB, a Câmara dos Deputados, em nome do combate à desigualdade de renda e à criminalidade, considerasse a situação daqueles que não poderão, na idade oportuna, contar com uma aposentadoria.

Acho que nossos legisladores poderiam mudar de opinião se fossem informados de que aproximadamente 14% da população adulta brasileira são aposentados. Mais do que isso, que 40% dessas pessoas consideram que é possível viver com o dinheiro da aposentadoria. Por outro lado, 34% desses aposentados acham que é preciso continuar trabalhando para viver, e outros 25% acham que só é possível viver sustentados pela família. Note-se que esta é a opinião dos aposentados. Não há muita diferença entre ela e a opinião de quem tem um aposentado na família ou mesmo de quem conhece uma outra família que também tem algum aposentado. Muitos vão dizer que aí está a justificativa para dar mais e mais aumentos. Isso porque, na realidade, se 40% afirmam que é possível viver com o benefício da aposentadoria, os demais 60%, aproximadamente, dizem o oposto, que isso não é possível.

Sabe-se que o ser humano, em se tratando de dinheiro, é praticamente insaciável. É por isso que os políticos dão aumentos salariais a si próprios, e quando isso não é possível aumentam a verba de gabinete e indenizatória. É por isso que os bancos, antes da crise de 2008, funcionavam com uma alavancagem muito acima do sustentável. É por isso que os governos nacionais zelam pela macroeconomia; sabem que a sua aprovação aumenta, e a chance de manutenção no poder também, se os seus súditos tiverem aumentada sua capacidade de consumo. Dá-se a mão, quer-se o braço. A cada aumento dado aos aposentados, eles vão querer um aumento a mais. Assim, eu não ficaria surpreso se, mesmo depois de um aumento de 100 ou 200%, a maior parte dos aposentados ainda considerasse que não é possível viver com sua mísera aposentadoria. Resumindo, o que conta mesmo é a voz rouca dos 40% que, de uma maneira ou de outra, estão satisfeitos com o que ganham ao afirmar que é possível viver com o dinheiro da aposentadoria.

Agora, pasmem, queridos leitores, quem mais acha que não é possível se sustentar com o dinheiro da aposentadoria são aqueles que têm o grau universitário completo. Na média, esse grupo recebe 939 reais mensais de aposentadoria, uma quantia bem maior do que os 564 reais mensais de quem tem até o primário completo. A injustiça do governo federal e de nossos legisladores vai muito além do que podemos imaginar. O eventual aumento linear das aposentadorias beneficia igualmente os sofredores-satisfeitos da classe mais baixa e os abastados-choradores da classe mais alta. Aliás, eis aqui um pedaço da solução do enigma. Nossos sindicalistas são abastados-choradores. Imagino que eles nunca tenham se dado ao trabalho de comparar a sua renda mensal com a renda média do brasileiro. Eles fazem parte dos assim chamados interesses organizados que assustam um grande segmento de nossos legisladores.

A classe média está aumentando. Nossos legisladores precisam estar atentos a esse fenômeno. Essa classe média crescente não quer saber de sindicato, quer negociar com o seu patrão o seu aumento salarial. Para eles, o salário não é negociado em uma barganha coletiva, mas sim individualmente. É preciso um esforço para representar a voz rouca das ruas, os interesses não organizados, os milhares de camelôs brasileiros, os milhares de pequenos empreendedores com suas biroscas, vendinhas, cooperativas de costureiras, de doceiras. É preciso saber quem vai zelar pela aposentadoria dessas pessoas. Não será nem a inflação nem o reajuste automático baseado no crescimento do PIB. Atenção, Brasília; atenção, Câmara dos Deputados, esta sociedade não aguenta mais esse tipo de tratamento. Ela vai cobrar a conta. Pode não ser na próxima eleição, mas a conta virá. Aliás, infelizmente, antes de enviar a conta para nossos representantes, teremos que pagar uma outra conta que eles vão nos enviar, a dos impostos que vão ser cobrados (ou aumentados) para sustentar os aposentados protegidos pelos sindicalistas.

# Dia da libertação dos impostos

Congratulo-me com todos os meus leitores e, porque não, com todos os brasileiros. Aproxima-se o dia 25 de maio. No dia seguinte, dia 26, estaremos livres dos impostos. Isso merece comemoração. Desde o dia 1º de janeiro de 2008, o brasileiro trabalhou para o governo, trabalhou para pagar impostos. Exatamente. Esse é o cálculo do Instituto Brasileiro de Planejamento Tributário. Agora, após a segunda-feira, vamos começar a trabalhar para nós mesmos. Triste sina dos brasileiros.

É certo que há vários países nos quais a "prisão" do pagamento de impostos dura mais do que no Brasil. A liberação do contribuinte na Suécia ocorre quase dois meses depois da que ocorre no Brasil, é no final de julho. Em Israel, a liberdade dos impostos acontece somente no início de agosto. É aí que entra o segundo argumento dos brasileiros: o primeiro é que a carga tributária é muito elevada; o segundo, é que os serviços públicos são ineficientes.

## Tabela 1: Dia de libertação dos impostos em vários países

| País | Dia da libertação dos impostos | Fonte |
|---|---|---|
| Índia | 14 de março | Centre for Civil Society |
| África do Sul | 22 de abril | Free Market Foundation |
| Estados Unidos | 23 de abril | Tax Foundation |
| Estônia | 24 de abril | Eesti Maksumaksjate Liit (Estonian Taxpayers Association) |
| Austrália | 24 de abril | Centre for Independent Studies |
| Lituânia | 5 de maio | Lithuanian Free Market Institute |
| Brasil | 25 de maio | Instituto Brasileiro de Planejamento Tributário |
| Eslováquia | 25 de maio | Nadácia F.A.Hayeka |
| Reino Unido | 3 de junho | Adam Smith Institute |
| Bélgica | 10 de junho | PricewaterhouseCoopers |
| República Tcheca | 11 de junho | Liberalni Institut |
| Croácia | 15 de junho | The Adriatic Institute for Public Policy |
| Canadá | 20 de junho | Fraser Institute |
| Eslovênia | 21 de junho | Free Society Institute |
| Polônia | 25 de junho | Centrum im. Adama Smitha |
| Alemanha | 5 de julho | Bund der Steuerzahler |
| Suécia | 29 de julho | Swedish Taxpayer's Association |
| Noruega | 29 de julho | Skattebetalerforeningen |
| Israel | 2 de agosto | Jerusalem Institute for Market Studies |

Há várias coisas que precisam ser analisadas para se entender a conversão de impostos em serviços públicos. No Brasil, é comum, em função dos inúmeros escândalos de corrupção, as críticas ao mau uso do dinheiro público recaírem sobre a malversação. Argumenta-se que todo o sistema político é corrupto e que, por isso, os recursos arrecadados, que nos escravizam até o final de maio sob a forma de pagamento de impostos, sejam direcionados para os bolsos de nossos políticos e seus séquitos de assessores.

Há também outra linha de argumentação possível. O estado brasileiro, municipal, estadual ou federal, é ineficiente e gasta errado. São duas coisas diferentes com vários pontos de contato. A ineficiência é sinônimo de mais gastos com as atividades meio do que com as atividades fim. É sinônimo de cabide de emprego, é sinônimo de retrabalho, de compras malfeitas, e por aí vai. Gastar errado depende do ponto de vista. Para aqueles que precisam de uma boa saúde pública, gastar errado é colocar dinheiro em outras áreas que drenem os recursos potenciais para a saúde. Exatamente como ocorre no Estado do Rio de Janeiro hoje.

Em 2007, segundo dados da Secretaria Estadual de Fazenda (RJ) e da Secretaria do Tesouro Nacional, de cada 100 reais gastos pelo Estado do Rio de Janeiro, 25 reais foram consumidos pelos poderes judiciário e legislativo. A saúde ficou com apenas 13 reais, a segurança pública com 22 e a educação com 28. Não é por acaso que as pesquisas de opinião pública apontam a saúde como o principal problema do estado e também de seus municípios. Faltam recursos para a saúde e também há ineficiência em sua utilização. Ou será que as compras são feitas pelo menor preço? Ou será que não existe superfaturamento?

Enquanto isso: viva o dia da libertação dos impostos!

Quando se comemora a vinda de dom João VI para o Brasil, é preciso ter em mente as implicações duradouras desse fato. Uma corte perdulária e atrasada. Provavelmente a corte mais atrasada da Europa foi transplantada para o Brasil e trouxe consigo todas as mordomias que até hoje fazem parte de nosso sistema político. Quem ganha com isso? Os políticos? Doce ilusão. Eles também vivem em um país com graves problemas de segurança pública, desigualdade, perigo de sequestros e outras mazelas que atingem mais a uns do que a outros, mas afetam a todos.

A civilidade vem, na maioria das vezes, combinada com impostos elevados e muitos serviços sociais ou impostos baixos e pouco investimento no *welfare state*. Este último é o caso dos Estados Unidos. Lá, o dia de libertação dos impostos é mais cedo, o norte-americano trabalha para o governo até o dia 29 de abril, e também há poucos investimentos no estado de bem-estar social, entre 15% e 19% do PIB. No caso de países nos quais o *tax freedom day* é mais distante de 1° de janeiro, como Alemanha, Suécia e Noruega, os investimentos sociais são muito elevados.

No Brasil, em 2006, a carga tributária atingiu 36,2% do PIB; em 2007, foi maior, chegou a 37,1%. Estamos no mesmo nível de Reino Unido, Nova Zelândia, Luxemburgo e Holanda. Ou seja, a carga tributária tem padrão de Primeiro Mundo, mas o *welfare state* não existe. Mais do que isso, essa ausência vem combinada com os privilégios herdados da corte portuguesa, tão celebrada pelos amantes do estado.

O diagnóstico apresentado aqui não é novidade. A grande questão é: como resolver esse problema? Creio que um dos principais empecilhos é a falta de popularidade de qualquer movimento de redução de impostos. Mais do que isso, a agenda tributária está associada quase que exclusivamente aos empresários. Não é algo bom. Transmite a ideia de que eles agem em causa própria, sem se preocupar com nenhum benefício mais amplo para a sociedade. Essa é a visão preconceituosa de uma sociedade de matriz católica. Uma visão antilucro. O problema é que ela é reforçada pelo fato de o movimento por redução de impostos não ir além dos setores empresariais.

O *tax freedom day*, ou dia de libertação dos impostos, é uma tentativa bem-humorada de falar de algo ruim, a carga tributária, e popularizar a crítica. Das duas uma. Ou tenhamos menos impostos, com ausência de estado de bem-estar social, ou mais impostos com *welfare state*. A pressão da camada mais pobre e majoritária da sociedade brasileira é pela ampliação dos serviços públicos de saúde e educação. Porém, é ela quem mais sofre com a carga tributária regressiva que temos. Dia 26 de maio é, na média, o dia em que os brasileiros começarão a trabalhar para si próprios. Mas há brasileiros que ficaram livres dos impostos antes dessa data, e outros que ficarão apenas depois, os mais pobres.

O Brasil é a prova da famosa avaliação de Schumpeter. O grande economista afirmava que o sistema tributário de uma nação expressa a relação entre o setor público e a sociedade. No Brasil, é uma relação de franca exploração.

# Uma injustiça bem disfarçada de justiça: o 13º salário

Alguns argumentos exigem muitos dados para sustentá-los. Outros exigem pouquíssimos. É o caso do 13º salário. Em todo final de ano no Brasil há um motivo de felicidade adicional para os trabalhadores empregados no setor formal. Estimativas do Ministério do Trabalho consideram que 40% da população brasileira é beneficiada pelo 13º salário; mais importante do que isso, esses 40% ganham mais durante todo o ano do que os aproximadamente 60% que não recebem o 13º. Quem não recebe o 13º tem uma renda média familiar em torno de 850 reais, porém quem o recebe ganha na casa dos 1.300 reais. O que merece ênfase é que a minoria dos trabalhadores ganha o 13º, minoria essa que tem renda mais elevada do que quem não o recebe, obviamente porque está empregada no setor formal da economia, aquele que gera maior valor agregado e que por isso pode assinar a carteira de trabalho.

Eis o xis da questão: o caráter elitista de nossa legislação trabalhista; mais do que isso, a natureza elitista dos argumentos daqueles que a defendem. Em qualquer lugar do mundo, as pessoas naturalizam aquilo que é muito presente. Diz-se que, quanto maior a presença de algum atributo social, menos nós o notamos. Como o racismo é muito presente, não o vemos. Como o elitismo está em todos os lugares, não o percebemos.

A CLT foi gestada e aprovada em 1943, época na qual o Brasil era um país fundamentalmente rural; o 13º veio décadas depois, em 1962, mas o Brasil ainda era rural. Getúlio Vargas elaborou a CLT para acatar e domesticar as demandas urbanas de uma minoria de trabalhadores empregados ou no setor público ou em poucas grandes empresas fortemente dependentes do estado para sobreviverem. O país mudou muito no período, e a legislação não acompanhou as mudanças. Precisamos explicar hoje para os nossos filhos por que alguns trabalhadores recebem 13º salário e outros não. No passado, tratava-se de uma explicação mais simples, uma vez que a desigualdade era mais facilmente aceita do que hoje. A ética da igualdade se disseminou muito no Brasil, quando se compara a era Vargas com a era FH ou o período Lula.

O argumento básico em defesa da CLT e consequentemente do 13º salário é o seguinte: nossa legislação trabalhista é muito boa e protege nossos trabalhadores, o problema é que a economia brasileira não é desenvolvida o suficiente para incorporar toda a População Economicamente Ativa (PEA) na CLT. Portanto, à medida que nossa economia se tornar maior, mais pujante, todos serão beneficiados pela proteção da CLT.

Basta uma frase de Keynes, que voltou ao debate econômico mundial, para derrubar esse argumento pseudodemocrático: "a longo prazo estaremos todos mortos".

O que acontece hoje com aqueles que não recebem o 13º? Terão que esperar pelo sucesso futuro do Brasil. E se vier uma crise que interrompa a trajetória de crescimento? Paciência, isso acontece, terão que esperar um pouco mais. É interessante que o argumento em defesa da CTL abole a existência da sociedade e consagra o saber do legislador (elitista e socializado na década de 1930). Não é a lei que se adapta à sociedade, mas o contrário: a sociedade precisa ficar mais rica para se encaixar em uma lei justa e boa, que dá muitos direitos aos trabalhadores.

Há dois argumentos contrários à nossa legislação trabalhista. O mais disseminado é o econômico e empresarial: nossa lei aumenta os custos da produção e assim encarece o preço final dos produtos e reduz a capacidade de geração de empregos. O outro argumento, muito pouco falado, é o democrático e universalista: o 13º consagra tratamento desigual aos desiguais: quem está em uma posição melhor no mercado de trabalho recebe um prêmio, quem está pior continua onde está. Ao elaborar e aprovar a CLT, os legisladores brasileiros decidiram favorecer um grupo pequeno de trabalhadores em detrimento da grande maioria do povo brasileiro. Ao manter o instituto do 13º salário, os legisladores aprovam essa realidade dos fatos. O 13º salário e outros benefícios de nossa legislação trabalhista configuram, na verdade, uma peça jurídica elitista travestida de uma capa protetora, democrática e inclusiva. Os efeitos da exclusão estão aí: pobreza, violência, falta de confiança entre as pessoas etc. São muitas as causas desses fenômenos, mas certamente o tratamento desigual a que submetemos as pessoas é parte desse processo.

É possível fazer um exercício imaginando-se que não tivéssemos lei trabalhista alguma, que todos os contratos fossem negociados diretamente entre patrão e empregado, e que houvesse um tribunal para decidir acerca de eventuais conflitos, além, é claro, dos respectivos sindicatos de cada categoria. Nesse caso, todos seriam tratados igualmente: não haveria nenhum benefício, não haveria FGTS, 13º salário ou o que fosse para ninguém, todos seriam igualmente sujeitos ao fato de não terem nenhum benefício trabalhista. Algo revolucionário para o Brasil, não a ausência de direitos, mas sim o tratamento igualitário. Isso é em tudo oposto ao que ocorre hoje com a CLT: muitos direitos para alguns, e nenhum direito para a maioria, onde impera o "salve-se quem puder".

Quem toma táxi no Rio de Janeiro e em Curitiba no mês de dezembro, em qualquer hora do dia, tem que pagar a tarifa correspondente à bandeira dois. É o 13º dos taxistas. Já em São Paulo isso não acontece. Eis um exemplo cruel do "salve-se quem puder". Há outros. O mais disseminado é a caixinha de final de ano para carteiros, lixeiros, entregadores de jornais, porteiros e zeladores. Mais uma vez, é a cultura do 13º salário. No Brasil de hoje, passados cerca de 40 anos do instituto do 13º, todos se sentem no direito de recebê-lo, mas poucos têm o poder de barganha para tal. Qual de nós recusa sem culpa a oferta para a caixinha de final de ano? Eu mesmo, no condomínio onde fica meu escritório, já doei em um final de ano, de livre e espontânea vontade, 200 reais para o pessoal que trabalha no prédio. Soube que muitos condôminos não o fizeram. O que então motiva a oferta?

No meu caso, não foi o direito quase que adquirido (para alguns) do 13º, mas a velha e boa patronagem brasileira, ou, ao menos, a crença de que ela ainda funcione no coração econômico e financeiro do país. Acreditamos que os serviços no prédio e o empenho do pessoal que nele trabalha serão melhores para os que deram a caixinha de final de ano do que para os que não o fizeram. Além disso, quem fez essa doação tem "um coração bom", e quem se recusou a fazê-la é "mal-agradecido", é "frio" e não reconhece o empenho daqueles que cuidam do condomínio.

Tudo se encaixa: elitismo, CLT, 13º salário, patronagem, bom coração, desigualdade, etc. São todos elementos de uma sociedade que se moderniza de uma maneira muito lenta e que tem grandes dificuldades em lidar com o seu passado (e presente) elitista e hierárquico. Todos nós, sem exceção, somos parte desse fenômeno. Voltando ao parágrafo inicial: seríamos capazes, se fosse parte da agenda da *realpolitilk*, de apoiar a abolição pura e simples do 13º salário, uma vez que ele não beneficia a maioria das famílias e é recebido justamente pelos que já têm uma renda mais elevada? É bem possível que não.

Para viabilizar essa reforma (ou revolução) em nossa legislação, é preciso que a sociedade brasileira aceite o caráter elitista do 13º e busque saídas legais igualitárias para a desigualdade social que tanto nos acorrenta ao passado. Na medida em que isso não é feito ou é adiado, a sociedade busca alternativas ao engessamento legal. O que não é o pagamento por meio de Pessoa Jurídica (PJ), se não a fuga a esse engessamento? Se o governo não faz, a sociedade age.

# A CNBB de volta à Idade Média

A Campanha da Fraternidade de 2010 promovida pela CNBB, juntamente com o Conselho Nacional de Igrejas Cristãs do Brasil (Conic), teve como lema "Vocês não podem servir a Deus e ao dinheiro." É simplesmente inacreditável que, em pleno século XXI, a Igreja Católica lidere um movimento de 40 dias que afirme que ganhar dinheiro é pecado. Um país não escolhe a religião que deu forma à sua matriz cultural, isso apenas acontece de acordo com o acaso. Por acaso, o Brasil foi formatado pelo catolicismo. Por acaso os Estados Unidos foram moldados pelo protestantismo; aliás, justamente por conta disso, uma campanha tal como a feita pela CNBB no Brasil seria inconcebível e inaceitável nos Estados Unidos.

Alguns afirmam que o enriquecimento é pecaminoso. Quem visitou a Universidade de Chicago teve a chance de ver na igreja principal da universidade o reconhecimento público às doações, em dinheiro, feitas pela família Rockefeller à Universidade. A decisão de colocar a placa de agradecimento foi tomada por pessoas que certamente nunca consideraram pecaminoso ser rico. Para os padres brasileiros, a família Rockefeller deveria ser execrada; como diz a Bíblia, é mais fácil um camelo passar pelo buraco de uma agulha do que um rico entrar no reino dos céus.

Na teologia do luteranismo, e também do congregacionismo cristão, que se tornou a denominação religiosa preponderante nos Estados Unidos, educar a população é fator chave para que ela possa escapar do pecado. Nessa visão de mundo, as pessoas ignorantes, analfabetas e incapazes de ler a Bíblia são mais suscetíveis a pecar do que as que podem ler a palavra de Deus. A educação é um meio para escapar do demônio, para não se cair nas tentações de Satanás. Lutero escreveu um sermão extremamente conhecido, intitulado "Uma prédica para mandar as crianças para a escola" no qual afirma que, se não fosse pastor, seria professor, porque não há nada mais importante do que ensinar as crianças a ler e escrever. Para que tenhamos noção do peso da afirmação de Lutero, é preciso ter em mente que, em sua época, praticamente 99% da população da Prússia era analfabeta.

Um dos motivos de sucesso do cristianismo se deveu à sua simplicidade. Adotar o judaísmo como religião, na época de Cristo e mesmo hoje, implicava em seguir 612 regras. A circuncisão dos meninos é apenas uma de tais regras. Uma das grandes inovações do cristianismo foi eliminar com uma só tacada todas as 612 regras e colocar em seu lugar apenas uma: amai-vos uns aos outros como eu vos amei. Paulo e Tiago, irmão de Cristo, tinham visões opostas acerca da circuncisão. Tiago era a favor; e Paulo, contra; venceu, como qualquer homem cristão pode constatar ao ir ao banheiro, Paulo. O cristianismo atendeu a uma demanda social pela simplificação das regras e diminuição de seu número. Nenhuma religião floresce no vazio. É possível que essa simplificação tenha sito um fator fundamental na grande velocidade de propagação da nova religião.

O luteranismo, o calvinismo e todas as demais versões do protestantismo também vieram para atender a uma demanda da sociedade, a demanda por mais igualdade. A religião católica havia se tornado a principal aliada dos nobres e da coroa nos séculos que antecederam a Reforma Protestante. Quem vê e admira Paris, Bruxelas, Madri e outras esplendorosas capitais europeias deve saber que toda a riqueza dessas cidades não veio do comércio, mas do governo e dos tributos que ele extraía de seus súditos. Não se trata de cidades industriais, mas de capitais estatais e religiosas. A riqueza de igrejas como a de Notre-Dame em Paris deve muito à aliança entre os padres e a nobreza, entre a coroa e a Igreja Católica. A Reforma foi uma crítica a tudo isso. Ela não se limitou ao famoso ataque à compra das indulgências. Nesse sentido, cumpre comparar a arquitetura das igrejas protestantes com as católicas. Dificilmente uma igreja protestante se torna ponto turístico. A razão é simples: trata-se de prédios austeros, a maioria deles completamente pintados de branco, sem obras de arte de artistas renomados, sem prata ou ouro. Os prédios das igrejas protestantes são austeros, os prédios das igrejas católicas são suntuosos, por isso tornaram-se pontos turísticos nas capitais europeias.

Luteranismo e calvinismo atendiam assim à demanda por mais igualdade. Porém, havia outras maneiras de atender a essa nova demanda social. Uma delas era por meio da popularização da educação. Foi assim que o sistema educacional prussiano se formou, baseado na Igreja Luterana. Onde havia uma igreja, havia uma escola para alfabetizar as crianças. Nunca ouvimos falar que em cada igreja católica funcionava uma escola, são tradições muito diferentes. Outra forma de lidar com a busca por mais igualdade é por meio da simplificação do rito religioso, por meio da tradução da Bíblia para as línguas nacionais. Aliás, a primeira Bíblia não escrita em latim foi a tradução de Lutero para a língua alemã: todos têm que ter acesso ao que está escrito na Bíblia, não apenas os padres e monges. Outra forma de disseminar a religião foi por meio da democratização do acesso ao ofício de pastor. Para ser padre, é preciso renunciar aos prazeres da carne; para ser pastor, não.

Nosso catolicismo se encaixa perfeitamente em nossa desigualdade social. Não deve haver dúvidas de que ele ajudou a engendrá-la. A Teologia da Libertação se notabilizou pela opção preferencial pelos pobres. Qual de nós não aprendeu que ser rico em uma sociedade desigual é complicado? Deve-se sentir culpa. Quem é rico deve se sentir culpado pela situação dos pobres. Os pobres sofrem muito nesta vida; por isso, depois da morte eles serão julgados por Deus com muita compaixão. O oposto se aplica aos ricos. Eles provavelmente são ricos porque exploraram o povo. Só existe riqueza porque há pobres. Assim, Deus não será generoso com os ricos no momento de seu julgamento. Há, obviamente, nessa teologia que iluminou (?) a Campanha da Fraternidade de 2010, um viés favorável aos pobres e contrário aos ricos. Segundo ela, mantidas constantes todas as demais variáveis, haverá proporcionalmente mais pobres do que ricos sentados ao lado direito de Deus.

O luteranismo contribuiu para aumentar a escolaridade média da população. O mesmo vale para o calvinismo e as demais versões da religião protestante. Pessoas mais educadas são mais produtivas no trabalho. Isso aconteceu na Prússia, na Suíça, Holanda e Grã-Bretanha. Justamente os países que acabaram largando na frente no desenvolvimento econômico europeu. A Espanha e Portugal, países católicos, ficaram para trás. Sob o catolicismo, o esforço educacional é menor. População menos educada resulta em economia menos produtiva. Economia menos produtiva é sinônimo de pobreza. E a defesa da pobreza e a condenação do dinheiro são sinônimos de Campanha da Fraternidade no Brasil do século XXI.

Nesse aspecto, a Igreja Católica é coerente, não valoriza a educação, e sim a pobreza. Antes que pensem que esqueci dos jesuítas, afirmo que não esqueci não. No laboratório de iniciativas para deter a reforma, os jesuítas triunfaram. Tornaram-se os professores da nobreza, os professores da elite dirigente. Luteranos fundam escolas primárias e ensinam todas as crianças a ler e escrever. Jesuítas fundam universidades, criam colégios jesuítas voltados para a elite, preferencialmente localizados próximo à avenida Paulista ou na Zona Sul do Rio de Janeiro. O protestantismo educa o povo, o catolicismo educa a elite.

Diante da pobreza da população brasileira, a Campanha da Fraternidade da CNBB em 2010 foi, na melhor das hipóteses, extremamente infeliz e, falando francamente, um retrocesso medieval. É bem possível que aqueles que tomaram a decisão sobre essa campanha ignorem completamente o nível escolar médio de nossa população e também a renda média dos brasileiros. Também não sabem que a grande maioria dos brasileiros não tem carro, gostaria de viajar de avião, gostaria de se mudar de casa e ir morar em um bairro melhor e em uma casa maior. É difícil dizer em que isso vai contra Deus. Ganhar dinheiro tem como finalidade levar as pessoas a desfrutarem dos confortos da vida. Isso é pecaminoso? Para a CNBB, quanto mais se consome, mais se peca. O santo papa João Paulo II pensava assim. É injusto querer isso de nosso povo. Somente agora muitos tiveram acesso a uma conta bancária, foram capazes de comprar um computador para seus filhos ou reformaram suas casas.

Cobrar juros de dinheiro emprestado configura-se no pecado da usura. É possível que depois dessa Campanha da Fraternidade alguns católicos sejam excomungados por conta disso. Não surpreende que a Igreja Católica venha perdendo seguidores no Brasil. Os brasileiros querem melhorar de vida, o que se torna impossível fazer se eles acreditarem que ganhar dinheiro é pecado.

# O obscuro e onipotente documento oficial da Campanha da Fraternidade de 2010

O retrocesso ecumênico da CNBB e do Conselho Nacional de Igrejas Cristãs do Brasil (CONIC) rumo à Idade Média na Campanha da Fraternidade de 2010 sob o lema "Vocês não podem servir a Deus e ao dinheiro" foi atestado pelo assim chamado "Texto-Base" da campanha, que tinha um total de 80 páginas.

Para iniciar a sua análise, em uma das primeiras páginas, que trata de um conteúdo específico, o documento comete a infelicidade, para dizer o mínimo, de citar o papa Pio XII no item que aborda o bem comum. Segundo o documento, Pio XII afirmara que a riqueza de uma nação não deveria ser medida por critérios quantitativos, mas pelo bem-estar de seu povo. Se houve um papa com pouca autoridade para falar do bem comum de um povo, esse papa foi Pio XII. Citar Pio XII logo no início de um documento básico de uma Campanha da Fraternidade, justamente para falar de bem comum, só funciona para aqueles que não sabem, ou não procuraram saber, quem foi ele.

O cardeal Eugenio Pacelli assumiu o pontificado, sob o nome de Pio XII, em 20 de outubro de 1939; portanto, já durante o governo de Hitler na Alemanha e logo após o início da Segunda Guerra Mundial. O arauto do bem comum, segundo o "Texto-Base", em nenhum momento de seu pontificado mobilizou a Igreja Católica alemã para defender o bem-estar dos judeus. Segundo os historiadores, os bispos germânicos nunca receberam sequer uma orientação do papa acerca do comportamento que deveriam ter em relação aos "estatutos judaicos". Quando, em junho de 1941, os cardeais e arcebispos franceses questionaram tais estatutos do regime de Pétain, o embaixador de Vichy, Léon Berard, disse que o Vaticano não os tinha considerado em conflito com a doutrina católica. Uma declaração no *L'Osservatore Romano*, o jornal oficial do Vaticano, afirmou que o tratamento dado aos judeus nos campos de concentração, assim como o confisco de seus bens, era "excessivamente duro". Cumpre saber o que o Vaticano considerava ser um tratamento adequadamente duro.

Em junho de 1945, Pio XII fez um discurso para o Colégio de Cardeais criticando claramente o nazismo. Ocorre que naquela data a Alemanha já tinha se rendido, e Hitler já estava morto. Pio XII só fez isso após o fim do regime, porque não se pode servir a Deus e ao dinheiro. Tanto evangélicos quanto católicos estavam na folha de pagamento de Hitler. Em um discurso de janeiro de 1939, o líder nazista mostrou que as duas igrejas eram, depois do governo, as maiores proprietárias de terras na Alemanha. Ademais, elas aceitaram o aumento dos subsídios estatais de 130 milhões de marcos em 1933 para 500 milhões em 1938. Consta de todos os registros históricos que tais subsídios ultrapassaram durante a guerra a marca do milhão de marcos. Para mais detalhes sobre a omissão de Pio XII e da Santa Sé ante o massacre dos judeus na Segunda Guerra Mundial, sugiro a leitura do livro *A História do Cristianismo*, de Paul Johnson.

Algo muito interessante do "Texto-Base" é o que considero ser o seu espírito de onipotência. Ele simplesmente trata dos seguintes assuntos: o valor da água, a água como mercadoria, o planeta Terra e a exploração de seus recursos naturais, a crise global de 2008, o aumento da pobreza, as grandes dívidas, como a dívida pública e a dívida externa, a degradação do meio ambiente, as condições de trabalho, crédito e juros, os direitos dos trabalhadores, políticas públicas, seguridade social, preservação do meio ambiente e reforma agrária. As igrejas ligadas ao CONIC acham que têm autoridade para falar de forma consequente sobre todos estes assuntos em um só documento. Isso só é possível porque o documento se resume a um ataque superficial contra o capitalismo, o lucro e a economia de mercado.

É assim que as igrejas atacam o fato de a água ser tratada como mercadoria. Afirma-se textualmente, em relação à água, que "o princípio usuário-pagador, que obriga quem usa a pagar, não pode ser lido ao contrário: quem não paga não usa, ou ainda, quem não puder pagar não pode usar". Os religiosos sabem que se trata de uma posição medieval, ao afirmarem que quem se opõe a tratar a água como mercadoria "é facilmente rotulado como antiquado, contrário ao progresso ou romântico". Em seguida o argumento envereda pelo catastrofismo e discurso apocalíptico, sustentando que defender que a água não seja tratada como uma mercadoria é condição para "salvarmos o planeta

Terra — Planeta-Água — da desolação". Todo o argumento depende da catástrofe. Tudo que é criticado, especificamente o capitalismo e a economia de mercado, é ruim porque resulta na pobreza, desigualdade de renda, fim dos recursos naturais, consumismo e outras tragédias equivalentes.

Os religiosos não leram uma enorme literatura, cujo livro emblemático é de Julian Simon, *The State of Humanity*. Essa literatura dialoga com outra, a dos catastrofistas e apocalípticos, que teve como contribuição central um livro de 1980: *Global 2000 Report to the President*. Esse documento previu coisas muito piores do que o que está contido no "Texto-Base" da Campanha da Fraternidade. Nada aconteceu. O que realmente vimos está devidamente documentado no livro de Simon: o preço da energia caiu historicamente, caiu também o preço real das casas, alimentos, bens de consumo e nunca se viveu tão bem como hoje em qualquer outro momento da história do mundo. Afinal, se Deus fez os homens à sua imagem e semelhança, para alguma coisa isso deve ter servido, nem que tenha sido para melhorar o bem-estar material de nossa vida na Terra. Foi graças ao capitalismo e à economia de mercado que as sociedades melhoraram a situação de todos. Isso já havia sido identificado em 1690 por John Locke, em seu famoso *Segundo Tratado sobre o Governo*, no qual ele afirma que "o rei de um território grande e fértil lá se alimenta, mora e se veste pior do que um trabalhador jornaleiro na Inglaterra". Leia-se a biografia de Locke e ver-se-á que ele jamais poderá ser acusado de ateísmo.

Todos os sistemas econômicos geram riqueza e pobreza. A questão já devidamente mapeada é que a economia de mercado gera eficiência e, assim, é a que mais gera afluência para todos, ainda que distribuída de forma assimétrica. Com isso, melhora a situação de todos: é o chamado jogo de soma positiva ou Pareto ótimo. Os pobres continuam pobres, mas somente no capitalismo eles vivem melhor do que os ricos das sociedades pré-capitalistas ou agrárias. Tudo isso é completamente ignorado pelo documento da Campanha da Fraternidade. Aliás, ignorar tudo isso parece ser condição para tratar superficialmente e impunemente de todos aqueles assuntos já mencionados. Os religiosos deveriam ao menos se dedicar a propor um sistema econômico menos ruim do que o capitalismo. O mais próximo que eles chegam disso é por meio do obscuro conceito de "economia solidária".

O que o "Texto-Base" diz sobre a economia solidária é tão revelador quanto o que ele não diz, quanto suas lacunas e omissões. Não há uma definição clara. Algumas passagens que transcrevo a seguir permitem entender minimamente o que seja o espírito da economia solidária em oposição à economia de mercado: 1) "o problema não é o dinheiro em si, mas o uso que dele se faz"; 2) "se o enriquecimento e a acumulação continuam a ser o sonho de nossa sociedade, os valores se invertem e colocamos em segundo plano a pessoa, sua vida, sua dignidade, seu bem-estar"; 3) "uma economia baseada no individualismo e na acumulação de bens afasta-se radicalmente do projeto de Deus"; 4) "não há alternativa: ou vivemos solidariamente como irmãos ou seremos todos infelizes num mundo trágico"; 5) "o livro do Deuteronômio e o livro do Levítico, considerando o direito do pobre à vida, insistem sobre não emprestar (dinheiro) com juros"; 6) "as relações de trabalho são tratadas com a mesma preocupação de colocar em primeiro lugar, não o lucro do empregador, mas a vida dos trabalhadores"; 7) "os trabalhadores não podem ser considerados apenas como força para a produção, mas têm que ser respeitados em sua dignidade de seres humanos"; 8) "é, portanto, um caminho de contracultura em relação à cultura do enriquecimento com exploração, da acumulação que provoca a carência de muitas pessoas e do consumismo egoísta e materialista que coloca em risco a vida na Terra".

A nebulosidade e a imprecisão do conceito de economia para a vida ou economia solidária não ajudam um pequeno empreendedor cristão que deseja saber como proceder caso tenha cinco funcionários, e um deles, ineficiente, mas com muitos filhos e problemas de sustento em casa, esteja prejudicando claramente o rendimento de seu empreendimento. Empreendedores como este devem existir aos milhares no Brasil, e a campanha da Fraternidade não fornece nenhuma solução específica para esse problema. A demissão seria ruim para o trabalhador que tem uma vida problemática, mas seria boa para alguém que trabalhe melhor e que não esteja empregado. Ademais, a demissão está de acordo com os princípios da economia de mercado. Se o empreendimento crescer com o trabalho eficiente de todos os empregados, mais empregos serão gerados.

Por mais que haja solidariedade, é possível imaginar que nessa nova economia haja alguma concorrência. O que o empreendedor cristão deve fazer se perder um cliente para um concorrente? Dar-lhe de presente um segundo cliente, assim como se dá a segunda face para levar o tapa, tal como está no Sermão da Montanha? Não há respostas a essas perguntas simples no "Texto-Base".

Temo que a economia solidária resultaria em perda de eficiência como resultado da diminuição da competição entre trabalhadores e entre empreendedores. Como consequência, os preços relativos não diminuiriam e teríamos menos acesso às coisas.

Há muito a ser criticado no documento da Campanha da Fraternidade: a defesa clara e nas entrelinhas do não pagamento de dívidas, a defesa da não cobrança de juros, a ausência de definição do que seja consumismo, a defesa elitista de bens que durem muito tempo, e por aí vai. O documento é uma grande crítica medieval e mal repaginada ao capitalismo e à economia de mercado. Afirma-se popularmente que Deus escreve certo por linhas tortas. A versão erudita dessa máxima é encontrada nos mistérios divinos, na incapacidade humana de entender os propósitos de Deus e na necessidade de sermos humildes diante disso. Pensando dessa maneira, podemos supor que Deus escolheu o individualismo e o egoísmo para gerar riqueza e bem-estar. Imaginou um sistema econômico no qual o homem buscaria apenas satisfazer a si próprio, já que ele é pecaminoso e imperfeito, mas ao fazer isso os seres humanos realizariam o desígnio divino, gerando bem-estar para todos, melhorando a vida de todos, inclusive dos mais pobres. Não há espaço aqui para o catastrofismo, até porque os pessimistas odeiam ser informados de que nunca houve uma guerra sequer entre duas nações capitalistas e democráticas. O mundo caminha kantianamente para a paz perpétua.

Aliás, o grande filósofo Immanuel Kant, insuspeitamente casto, crente e cristão, imaginou justamente isso. A humanidade caminha em direção à elevação moral e isso é resultado da ação humana movida pelo egoísmo. Quem quiser entender o raciocínio de Kant deverá ler o texto intitulado *Ideia de uma história universal sob um ponto de vista cosmopolita.*

O que os padres falam nas missas sobre o dinheiro tende a ser muito pior, por incrível que pareça, do que o que está escrito no "Texto-Base". Considerando-se o reacionarismo arcaico da Igreja Católica diante do capitalismo, à concorrência, à economia de mercado, ao desenvolvimento tecnológico, é cada vez mais difícil ser um católico praticante. Eu mesmo fui um católico praticante na minha infância e na minha adolescência. Não sou mais. Recuso-me a entrar numa igreja para ouvir coisas tão atrasadas, antigas e contra o bem-estar. Quanto aos meus filhos, também não quero que eles sejam católicos praticantes, nem na infância nem na adolescência. Deus me livre de meus filhos passarem a acreditar em coisas como água de graça, não pagar dívidas ou não cobrar juros. Vou contribuir para que aumente a proporção de católicos não praticantes, que é de 33%, praticamente igual aos 32% de católicos praticantes. Se a Igreja continuar seguindo essa trilha reacionária, creio que no futuro os não praticantes serão bem mais numerosos do que os praticantes.

Findo o período da Quaresma em 2010, o sábado de aleluia nos livrou, aleluia, daquela obscura Campanha da Fraternidade. A Igreja Católica tem o costume de pedir perdão com a justificativa de que sua posição era produto de uma mentalidade de uma época. Isso foi dito quanto à perseguição de Galileu Galilei e muitos outros episódios. Daqui a alguns séculos, ela pedirá perdão por sua posição reacionária em relação ao capitalismo e à economia de mercado não dizendo que ela era produto de seu tempo, mas, pior, mostrando que tal visão era produto de um tempo mais longínquo, a Idade das Trevas.

# Max Weber, a ética protestante e o avanço da ciência

Max Weber imortalizou a teoria que mostra a diferença entre as sociedades protestantes — luteranas e calvinistas — e as sociedades católicas, no que diz respeito à ética econômica. Segundo Weber, a teologia protestante liberou o homem para a aquisição monetária. Para o protestantismo europeu, os homens estariam predestinados; alguns seriam salvos e iriam para o céu e outros, condenados ao fogo do inferno. Isso não dependia de obras, era uma predestinação. Restava a cada homem procurar certo consolo psicológico que o levasse a crer que seria um dos escolhidos. Essa segurança psicológica era fornecida por uma permanente glorificação a Deus por meio do trabalho. Antes dessa doutrina, o trabalho era malvisto. Apenas aqueles que iam para os monastérios estavam assegurando a sua salvação. Os demais, que viviam fora dos conventos, trabalhando, quase certamente iriam para o inferno. Lutero quis ser religioso justamente para assegurar sua salvação. Sua mudança de rota, decidindo não mais seguir a carreira monástica, só poderia ser conciliada com a salvação caso fosse obtida por outros meios, e este seria o trabalho.

É interessante o que a doutrina luterana e calvinista faz; ela democratiza o acesso à salvação. Antes deles, a salvação era obtida por meio da vocação religiosa, por meio da compra de indulgências e por outros caminhos a que nem todos tinham acesso, por exemplo, a realização de obras de caridade e boas ações. Como afirmava Weber, o catolicismo da época exigia que o homem fosse para "fora do mundo" caso quisesse obter a salvação. O que Lutero e Calvino criaram foi a salvação, ou melhor, a crença de que se era um dos escolhidos por meio de ações "dentro do mundo". Muito simples: bastava trabalhar. Algo mundano, algo que todos faziam. Foi criada então a ética do trabalho. Trabalha-se, trabalha-se, cada dia mais, apenas para glorificar a Deus. O trabalho gera riqueza, e a riqueza é acumulada. Surge o espírito do capitalismo como resultado não intencional da ética protestante.

Mas será que foi realmente isso que aconteceu? Weber poderia ter errado? Suas evidências poderiam ter sido mais anedóticas do que realmente estatísticas? O belo estudo de Sascha O. Becker e Ludger Wossmann, *Was Weber wrong?*, trata desta questão.

Toda religião aborda diversos assuntos. Com o protestantismo não foi diferente. Comparada ao catolicismo, a ética do trabalho era diferente. Porém, o que diziam o luteranismo e o calvinismo em relação ao estudo? E em relação ao sagrado? Qualquer que fosse o assunto, o espírito do protestantismo era a democratização. O trabalho democratizava o acesso à sensação de salvação. A tradução da Bíblia para o alemão democratizava o acesso à palavra de Deus. A redução do número de sacramentos, dos sete da Igreja Católica para apenas dois, o batismo e a comunhão, diminuía a presença do sagrado no dia a dia das pessoas, o que também configurava uma mudança democrática. E assim por diante.

A Bíblia só existia no latim, até o dia em que Lutero decidiu colocá-la no alemão. Mas seria inútil a palavra de Deus passar para a língua germânica caso as pessoas não fossem capazes de lê-la. Assim, a teologia luterana e calvinista pregava a democratização do acesso à capacidade de ler. Sabe-se, em função de inúmeros bons estudos acadêmicos, que o sistema educacional da antiga Prússia foi baseado na Igreja Luterana. Os nobres, que no catolicismo aplicavam seus recursos financeiros no sustento de monastérios e conventos, com o seu fechamento decidiram redirecionar seus recursos para a educação da população. Consequentemente, alguns países largaram na frente quando o assunto era a educação de toda a população: Suíça, Holanda, o território que se tornaria a moderna Alemanha e a Inglaterra. Uma curiosidade sobre a Suíça. Além da valorização da "educação para todos", a teologia calvinista retirou o caráter pecaminoso da cobrança de juros. Não por acaso, a Suíça saiu na frente, na Europa, na formação do sistema bancário.

Na Europa continental, o desenvolvimento econômico coincidiu com o mapa da expansão do luteranismo. Sascha O. Becker e Ludger Wossmann mostraram por meio de modelos estatísticos sofisticados, mas traduzidos em mapas bastante compreensíveis, que o nível educacional e, como consequência, o desenvolvimento estiveram fortemente correlacionados com a força da religião reformada. Tomando-se como ponto de partida geográfico a cidade de Lutero, a religião que ele fundara era mais forte perto de sua cidade e mais fraca à medida que as regiões ficavam mais distantes. A adesão ao luteranismo no século XIX foi da ordem de 75% próximo à cidade natal de seu fundador, caindo sucessivamente à medida que se afastava dela para entre 25% e 75% e menos do que 25%.

Não é coincidência, quando sabemos o que diz a teologia luterana acerca da necessidade de educar as pessoas e treiná-las a ler e escrever, que os autores do texto *Was Weber wrong?* demonstrem existir correlação estatística entre o nível de alfabetização e a popularidade do luteranismo. Eles vão adiante: a religião teve impacto na educação, e esta, por sua vez, teve impacto no desenvolvimento econômico. Mostram o emprego no setor mais dinâmico da economia e a renda em marcos. Nas regiões onde mais de 30% da população estavam empregados na indústria e nos serviços, havia mais luteranos. Por outro lado, nos locais em que menos de 22% trabalhavam nesses setores havia muito menos luteranos. O mesmo acontece com a renda em marcos alemães.

Assim, fica provado que Weber estava errado, ainda mais quando se sabe que os autores do estudo controlaram a análise estatística por outras variáveis. Para Weber, o capitalismo e o desenvolvimento estavam correlacionados com uma ética do trabalho que somente o protestantismo tinha. Para nossos modernos autores, que hoje podem lançar mão de modernas técnicas estatísticas, o desenvolvimento está correlacionado sim com a religião, mas não por causa da ética do trabalho, e sim por causa da ética da educação.

Aliás, faz muito mais sentido imaginar que o desenvolvimento esteja relacionado com a educação e não com uma suposta ética do trabalho. O capitalismo não nasceu porque as pessoas passaram a valorizar mais o trabalho, mas sim porque elas passaram a ter mais qualificação para trabalhar de forma mais produtiva. Mais do que isso, o aumento do nível educacional tem impacto em outros fatores sociais também importantes: aumenta a participação política, aumenta o associativismo, facilita o desenvolvimento de diferentes modalidades de ação coletiva, e assim por diante.

Essa é uma boa notícia para os países que não têm matriz católica, como é o caso do nosso. É mais fácil melhorar o nível educacional de um país do que fazer as pessoas valorizarem mais o trabalho. Porém há um grande empecilho para melhorar o nível educacional do Brasil: educação não dá voto. Isso acontece porque a população não dá valor à educação. Portanto, se avançarmos em tais indicadores, isso será resultado de uma decisão da elite empresarial e governante. Aliás, um segmento importante da elite empresarial já está sentindo pesadamente o efeito da baixa qualificação de nossa mão de obra. Em breve, sem o protestantismo como nossa matriz social, passaremos a trilhar o mesmo caminho de outros países católicos que decidiram tirar o atraso em relação aos países protestantes. Alguns exemplos são a Irlanda, a Espanha e a Itália. Portugal ainda é um dos países europeus mais atrasados no nível educacional. Tomara que o Brasil trilhe o caminho dos primeiros.

# O pensamento mágico na cabeça do brasileiro

O Brasil se tornou a grande estrela dos investidores estrangeiros. Eles olham para todos os países do mundo, comparam e chegam à conclusão de que o país mais rentável é o Brasil. Isso se refere não apenas a investimentos a curto prazo, mas também, e principalmente, a investimentos que vão remunerar os investidores em cinco ou dez anos. Bom para todos nós. O dinheiro dos gringos continuará entrando, e isso é um importante motor do desenvolvimento econômico. O Brasil se tornou atraente para o capital internacional, e o mérito é de todos os últimos governos, Fernando Henrique e Lula.

Para continuarmos avançando, precisamos atacar problemas sérios que ainda temos, alguns dos quais com sinais de melhora nos últimos anos. Eu destacaria dois desses problemas: o nível educacional de nossa população e a nossa carga tributária elevada, injusta e geradora de pobreza e desigualdade. No que se refere à educação, tenho defendido que o que realmente importa não é adicionar novas disciplinas ao currículo, mas sim ensinar bem ensinado o que todos precisam aprender: português, matemática e ciências. Se for possível adicional o inglês nesse aprendizado, melhor.

Um dos efeitos esperados da melhoria do nível educacional da população é a diminuição da crença em mágicas. Trata-se de algo muito comum no Brasil. A seleção é eliminada da Copa do Mundo, e a causa disso é algo mágico, tal como a expulsão de um jogador ou o fato de o técnico ser inexperiente. O oposto disso é admitir que, numa Copa, há um vencedor e 31 perdedores. Assim, ser eliminado é a regra, e ser campeão é a exceção. Os times perdem, os goleiros falham, os jogadores são expulsos e há viradas no placar. Assim é o mundo sem mágica.

Em 2010 vimos o mesmo aplicado à política. Quando Dilma encostou em Serra nas pesquisas, tornou-se preponderante no noticiário a ideia de que se Aécio se tornasse o vice de Serra haveria uma mudança dessa tendência. Mais uma vez, trata-se de uma visão mágica: escolha-se um determinado vice e tudo muda. Os exemplos podem ser multiplicados. Quando aconteceu o atentado de 11 de setembro de 2011, a interpretação corrente era de que o mundo mudaria. O mundo pós-atentado em nada se pareceria com o mundo pré-atentado. Isso não ocorreu. A grande mudança foi o maior rigor nos embarques de voo para os Estados Unidos e dentro do país. O atentado não resultou em consequências mágicas.

Um dos terrenos mais férteis para as crenças mágicas é o mundo da religião. O recente fenômeno do crescimento das religiões evangélicas no Brasil tem chamado a atenção para esse fato. Muitos de nós nos recordamos dos grandes eventos em estádios de futebol liderados pelo pastor Edir Macedo, nos quais os fiéis, crendo no milagre, doavam seus óculos para a Igreja. A crença milagrosa era de que, ao doar os óculos, a miopia, o astigmatismo ou qualquer outro problema de visão seriam curados. A crença em tais fenômenos vem acompanhada, na maioria das vezes, da crença em coisas mais sérias que na maioria das vezes fundamenta toda a doutrina religiosa.

Foi pensando nisso que, na última semana de maio de 2010, o Instituto Análise fez várias perguntas em uma pesquisa nacional para saber em que acreditam os brasileiros. Nada menos do que 93% dos brasileiros adultos acreditam que Jesus Cristo ressuscitou e ascendeu aos céus. Apenas 4% disseram não acreditar que isso tenha ocorrido, e outros 3% não quiseram responder à pergunta. Além disso, 76% acreditam que depois de morrerem vão desfrutar a vida eterna, 14% disseram que não acreditam na vida eterna após a morte, e 10% não responderam à pergunta.

Foi perguntado também a cada entrevistado qual seria seu destino após a morte: 66% afirmaram que vão para o céu, 6% disseram que vão para o purgatório, 3% consideram que vão para o inferno, e humildes 26% afirmaram que não sabem para onde vão. É claro que nesses 26% estão também aqueles que acham que não há vida após a morte. Continuando nesse tema, descobrimos que 50% dos brasileiros acreditam que o purgatório existe, e 40% disseram que ele não existe. Os demais 10% não responderam a essa pergunta.

Também foi investigada a crença em outros dogmas da religião cristã, como a virgindade de Maria e a transubstanciação da hóstia e do vinho em corpo e sangue de Cristo. Nada menos do que 82% acreditam que Maria concebeu Jesus Cristo sendo virgem, e 12% não acreditam nisso. Isto é, 12% acham que Maria, para conceber Jesus, precisou fazer sexo com José. Aliás, quanto a isso há uma contradição factual na Bíblia. Afirma-se que Maria era virgem e que Jesus era descendente da casa de Davi. As duas coisas são incompatíveis, dado que o descendente de Davi era José. Assim, para ser descendente da casa de Davi, Jesus precisava ser filho biológico de José. Quanto à transubstanciação, exatos 93% acreditam que no momento da comunhão a hóstia se transforma no corpo de Cristo e o vinho se transforma no sangue de Cristo. Somente 4% não creem que isso aconteça.

Voltando ao tema da vida após a morte, 63% acreditam que após morrer vão encontrar seus familiares que já faleceram, e 25% não acreditam nessa possibilidade, 11% não responderam. Um tema típico da religião católica, o poder dos santos, também foi investigado: 65% acreditam que, se fizerem um pedido para um santo ou uma santa, ele ou ela vai interceder junto a Deus para que tal pedido seja atendido, 30% não acreditam que isso ocorra, e 5% não responderam.

Igualmente interessante é que 37% dos brasileiros adultos consideram que já ocorreu algum milagre com eles próprios ou com alguém de sua família (ou seja, mais de 50 milhões de brasileiros já foram beneficiados por Deus com um milagre, haja milagre), 58% afirmam que nunca ocorreu milagre, e 5% não responderam. Adicionalmente, foi perguntado a esses 37% que teriam sido beneficiados por algum milagre o que acontecera:

48% disseram que fora a cura de um doença grave, 7% afirmaram que fora escapar de um acidente de automóvel, e 4%, que algum parente morrera e depois ressuscitara. Os demais milagres se distribuíram em proporções iguais ou menores do que 3%: ficar livre do vício de drogas, conseguir um emprego (é notável que uma parcela, ainda que pequena, da população considere que obter um emprego seja um milagre), cura da cegueira, compra da casa própria (tão notável quanto conseguir um emprego), ouvir a voz de Deus, receber um dinheiro que não esperava, uma criança sobreviver a um afogamento, e assim por diante.

Cabe ao leitor julgar quão disseminado é no Brasil o pensamento mágico. Eu creio que é muito. Cabe também ao leitor avaliar se isso é bom ou não para o desenvolvimento de nossa sociedade. Eu acho que não é. Acreditar na ressurreição de Cristo e na vida após a morte é, salvo melhor juízo, o próprio fundamento do cristianismo. Ou seja, tudo bem. O mais interessante é a crença em outras mágicas, tais como a existência do purgatório, a transubstanciação, a intercessão dos santos junto a Deus e a virgindade de Maria. É mágica demais. Quem acredita nisso tudo está propenso também a acreditar, por exemplo, em salvadores da pátria.

Não coincidentemente, portanto, é relevante ressaltar que todas essas crenças são mais fracas na região Sul do Brasil. Aliás, a pesquisa mostra também que, quanto mais uma pessoa frequenta a igreja, mais ela acredita em todos esses dogmas. A frequência à Igreja da população da região Sul é menor do que em todas as outras regiões do Brasil. O Sul é mais europeu e germânico, teve mais influência do protestantismo da Europa continental. O protestantismo, ao contribuir para aumentar o nível educacional de toda a população, agiu inadvertidamente para enfraquecer a crença nas mágicas. O Brasil, e não somente uma de suas regiões, precisa lidar com seu baixo nível educacional e seu alto nível de crenças em coisas que não encontram fundamentação empírica.

# Bento XVI e o catolicismo tropical brasileiro

A formação do papa Bento XVI é germânica e europeia. Considero ser essa sua principal limitação para compreender o que acontece em nosso país tropical do jeitinho, da ambiguidade e do sincretismo. No Brasil, religião, a maioria tem, e essa maioria — de aproximadamente 70% — é católica. Religiosidade são outros quinhentos. Pode-se ter religião sem ter religiosidade. Entre os católicos, a ida à igreja para frequentar missas é a principal marca da religiosidade: 81% fazem isso, um percentual menor do que os 92% de evangélicos que vão a seus cultos. Depois disso vem "fazer orações na igreja", um hábito para 31% dos católicos e pouco mais de 40% dos evangélicos. Fazer orações na igreja é matar dois coelhos com uma só cajadada; já que se vai à missa, aproveita-se e fazem-se orações. Excetuando-se essas duas práticas, os católicos brasileiros não são lá muito religiosos.

Ir a casamentos é algo que 27% dos católicos fazem, uma proporção maior do que os evangélicos, que é de 19%. Ir a casamento não é necessariamente um ato religioso, mas certamente é um procedimento social. Trata-se, no catolicismo, de um rito de passagem da maior importância; o casamento na igreja é uma maneira muito eficiente de comunicar à sociedade que os cônjuges estão se unindo.

A participação católica acaba aí. Em todo o restante, os evangélicos são mais religiosos do que os católicos, participam mais de grupos jovens, de encontros de casais, de grupos de orações, de ensaios musicais na igreja, da manutenção da igreja, de festas e atividades de lazer na igreja ou templo, de trabalho social e de algum outro projeto religioso. Ufa! Mais importante: 18% dos evangélicos fazem catequese, isto é, tentam converter outros crentes e ensinam sua doutrina aos adeptos de suas fileiras. Essa proporção, para os católicos, atinge apenas 5%.

Conclusão: os evangélicos são muito mais militantes e muito mais religiosos do que os católicos. Todo grupo minoritário tende a ser mais militante. O problema de Bento XVI no Brasil não está aí. Nem no maior ímpeto dos evangélicos para a conversão e a catequese de novos fiéis. Está em como lidar com essa religiosidade católica, já que ele — o papa — terá muita dificuldade em reverter essa situação.

Uma pista talvez esteja no feriado de São Jorge no Rio de Janeiro. Em praticamente todos os feriados religiosos católicos, as procissões e missas campais são maciçamente frequentadas por mulheres. No feriado de São Jorge, um santo enaltecido no Brasil em função de seu caráter sincrético, os eventos ficam repletos de homens e famílias. Uma religiosidade bem diferente do militantismo predominantemente feminino do catolicismo.

Lidar com a religião católica no Brasil e, talvez, na maioria dos países latino-americanos (o México não nos deixa errar), é reconhecer que a fé não é pura e que as suas manifestações mais vibrantes não necessariamente se aproximarão do desejo europeu de realizar missas em latim.

De volta à comparação entre católicos, evangélicos e crentes de outras religiões, sabemos que a Bíblia é o livro sagrado da cristandade, porém é mais sagrado para alguns do que para outros: 57% dos católicos consideram que a Bíblia é a palavra de Deus, verdade divina palavra por palavra. No caso dos evangélicos (pentecostais e não pentecostais), essa proporção é de quase unanimidade: 87%. Quase um terço (sem trocadilho) dos católicos acha que a Bíblia é a palavra de Deus, mas nem tudo é verdade divina. Ao passo que 13% do rebanho papal consideram a Bíblia um livro escrito pelos homens.

Levando-se em conta o que pensam os brasileiros sobre o livro mais vendido do mundo ocidental, vê-se que os católicos estão mais próximos daqueles que professam outras religiões (judeus, umbandistas etc.) do que dos evangélicos: 37% dos crentes de outras religiões ousam afirmar que nem tudo na Bíblia é verdade divina, proporção mais próxima dos 29% de católicos do que dos modestos 12% de evangélicos que pensam dessa forma. Até mesmo quem não tem religião alguma se parece mais com os católicos do que estes com os evangélicos.

Além disso, os evangélicos estudam a Bíblia muito mais do que os católicos: 25% para os primeiros, e somente 5% para os seguidores do papa, uma proporção bem menor do que os 18% de outras religiões que afirmam participar de estudos bíblicos.

Isso indica um grande desafio para o papa. Se ele deseja falar para uma religião majoritária (praticamente 70% dos brasileiros são católicos), para a religião da qual ele é o líder maior, não poderá ser religioso demais. Caso sua atitude em relação aos brasileiros venha a ser muito restritiva, ele não encontrará a simpatia da maioria dos católicos. Por outro lado, se seguir uma linha menos religiosa, menos restritiva, dificilmente contribuirá para mobilizar uma pequena proporção de católicos — os mais praticantes —, que pode enfrentar de uma forma mais ativa o crescimento evangélico.

Todo grupo minoritário é mais militante. Era assim quando o PT era um partido pequeno, é assim atualmente com os evangélicos. Todo grupo grande e majoritário é menos militante: os católicos brasileiros e os petistas de hoje não são exceção a essa regra sociológica.

A Igreja Católica é a instituição ocidental mais antiga: trata-se de estrondoso caso de sucesso. Tudo passa, mas a Igreja fica. Paulo, em sua disputa com Tiago, irmão de Jesus, fez com que não houvesse para os cristãos nenhuma das pouco mais de 600 regras que os judeus tinham que seguir; nem mesmo a circuncisão defendida por Tiago foi mantida para os cristãos. Na época de Paulo, havia demanda por uma religião menos restritiva e mais universal. Bastava uma regra: “amai uns aos outros como eu vos amei”.

A regra sociológica e o exemplo de Paulo talvez ajudem a resolver o dilema do papa. Amém.

# O conhecimento da ciência

A fé religiosa é incompatível com a aceitação das verdades, ainda que transitórias, científicas? Faço essa pergunta pensando numa controvérsia corriqueira nos países desenvolvidos, com destaque para os Estados Unidos, e que chegará ao Brasil algum dia: a disputa entre os criacionistas e os evolucionistas. Segundo os criacionistas, o ser humano foi criado por Deus. Aqueles que defendem essa visão de mundo, não um conhecimento científico, afirmam que a Terra é muito mais jovem do que realmente é. Alguns criacionistas dizem que dinossauros e seres humanos coexistiram, e outros, mais sofisticados, utilizam a teoria do design inteligente para tentar provar que há estruturas biológicas e fisiológicas que não poderiam ter evoluído de nenhuma estrutura anterior, que só existiriam, como de fato existem, se tivessem sido criadas por um Criador superior e mais inteligente.

Em 2009, comemoraram os 200 anos de Charles Darwin. Foi ele quem desenvolveu de forma mais convincente, e em primeiro lugar, a teoria da evolução. A comemoração desse evento veio recheada de novos livros lançados, entre os quais *O maior espetáculo da Terra*, de Richard Dawkins. Neste trabalho Dawkins mostra inúmeras evidências que provam que a evolução aconteceu e continua a ocorrer: o nosso corpo, as moléculas do DNA, a separação dos continentes, eventos recentes em vários lugares do mundo onde houve o surgimento de novas espécies, as camadas sedimentares da Terra e até mesmo evidências fósseis, que os criacionistas tanto abominam.

A teoria da evolução sustenta que os organismos vivos sobrevivem graças à seleção natural. Como sempre, há alguma mutação genética, e como há também um mercado de mutações, isso mesmo, um mercado de mutações, as mais eficientes do ponto de vista da sobrevivência acabam passando adiante a sua herança genética. Trata-se de uma teoria extremamente parcimoniosa, com uma enorme capacidade de explicação. Nas aulas de biologia da escola, são mostrados para nós, em geral, exemplos de insetos que no decorrer dos anos mudaram de cor em função de alguma mudança em seu habitat. Lembro-me bem de um exemplo, provavelmente de minhas aulas de biologia no primeiro grau, de uma mariposa que era cinza-clara e que no decorrer do tempo, em função do aumento da poluição e fuligem depositada nas árvores da área de Manchester, na Inglaterra, acabou resultando em uma outra espécie de mariposa muito escura, quase preta. Afora exemplos desse tipo, destaca-se a velha afirmativa supostamente evolucionista de que o homem descende dos macacos, mais especificamente do chipanzé.

Aprendi, graças aos livros de Dawkins, que se trata de uma afirmação errada. O homem não descende do macaco nem do chipanzé. O ser humano descende sim de um ancestral comum a nós e ao chipanzé e que provavelmente era mais parecido com os macacos do que conosco. Os macacos, por sua vez, descendem de um ancestral comum com os lêmures. E assim sucessivamente até retrocedermos à primeira forma de vida. Posto dessa forma, de acordo com o evolucionismo, não é preciso recorrer à noção de um Criador para explicar por que o ser humano passou a existir. Não há necessidade de um ente superior que em algum momento da história da Terra tenha decidido criar o ser humano e o tenha planejado e materializado.

Há religiosos na acepção restrita da palavra que também compartilham e aceitam a teoria de Darwin. Para eles, Deus se limitou a criar as leis que regem o funcionamento do universo e do mundo, leis químicas, leis físicas e biológicas, e deixou o universo fazer o restante. Esses religiosos conciliam a nossa origem nada divina com a aceitação da existência de uma divindade. Se Deus existe, provavelmente é bem mais inteligente do que o homem, até porque nossa capacidade cognitiva derivou de um ancestral comum que tivemos há sete milhões de anos com o chipanzé. Sendo Deus muito mais inteligente do que nós, é possível imaginar que tenha realmente feito muito pouco, "apenas" todas as leis da física, da química e da biologia. Deixou o homem descobri-las ou desenvolvê-las, um passatempo que resultou, entre outras coisas, na formação das universidades.

Sendo bem mais inteligente do que nós, Deus não teria deixado pistas de sua existência. Ter-nos-ia dado a chance de descobrir que somos feitos de elementos químicos que passaram a existir em função de grandes processos de liberação de energia no interior das estrelas. E também a oportunidade de descobrir que há pelo menos um bilhão de galáxias, em cada uma das quais há bilhões de outros corpos celestes. A Terra é apenas um deles de uma, e somente uma, de tais galáxias. Aliás, se, em função de algum acidente ou cataclismo, a Lua for destruída, a Terra deixará de existir imediatamente. A órbita da Terra em torno do Sol, que é a fonte de energia que possibilita a vida na Terra, só é possível porque há uma Lua girando em torno de nós.

O que tudo isso sugere? Que estamos trabalhando no mundo do improvável. Que o sistema solar é improvável, mas existe, que a vida é improvável, mas existe, que a evolução é improvável, mas existe, que a separação dos continentes, tal como ocorre entre a América do Sul e a África, é improvável, mas existe etc. Quando se trabalha com números grandes, a improbabilidade acaba acontecendo. Se há um bilhão de corpos celestes em nossa galáxia, e se a probabilidade de que a vida se inicie for de uma em um bilhão, então cá estamos, na Terra. Isso sugere que deverá haver vida inteligente em algum outro lugar, porém tão distante que não fará a menor diferença. Considerando-se o tempo necessário para percorrer, na velocidade da luz, as distâncias entre as galáxias, se houver vida inteligente em Andrômeda, a galáxia mais próxima da Via Láctea, nunca saberemos.

Aliás, eu pergunto: você acredita em discos voadores? Em óvnis? Note-se que a pergunta utiliza o verbo "acreditar". Poderia ser outra: você tem provas da existência de discos voadores? Você tem alguma prova de que os homens foram criados por um Criador de inteligência superior à nossa? Você acredita no evolucionismo ou tem uma prova de que essa teoria ainda não foi falseada? Provas de que o evolucionismo explica por que os seres humanos são do jeito que são existem fartamente. Provas de que os seres humanos foram criados não existem. O que não significa que não possam ser encontradas. Certamente não foram ainda.

A ciência demonstra, por exemplo, e de forma surpreendente, que as baleias (o golfinho é uma baleia pequena) descendem do hipopótamo. Vários bilhões de anos separam as duas espécies. Ela mostra também que o peixe-boi descende do elefante. A propósito, para quem duvidar disso, ajuda saber que já existiram elefantes do tamanho de um cachorro de grande porte nas ilhas do Mediterrâneo. Não se trata de acreditar se isso é verdade ou não. Trata-se de avaliar a qualidade das evidências empíricas que demonstram essas linhas de descendência.

Contudo, a despeito da importância da ciência e do seu ensino fortemente disseminado em todos os países do mundo, particularmente nos países desenvolvidos, a apreensão e "crença" nos ensinamentos da ciência são bem menores do que imaginamos em um primeiro momento. Em 2005, o Eurobarômetro perguntou em 32 países europeus (em uma visão bastante indulgente do que significa ser país europeu) se a afirmação "os seres humanos, como hoje os conhecemos, desenvolveram-se a partir de espécies de animais mais antigas" era verdadeira ou falsa. Os quatro países com as maiores proporções de respostas "verdadeira" foram Islândia, Dinamarca, Suécia e França, todos com proporções maiores ou iguais a 80%. Na Turquia mulçumana, somente 27% da população tem essa visão. Nada menos do que 51% consideram que a afirmação evolucionista é falsa. Excetuando-se a Turquia, os demais seis países que mais disseram que a afirmação acima é falsa foram Grécia, Romênia, Bulgária, Letônia, Lituânia e Chipre, que variaram entre 21 e 36% para esse percentual.

Em 2007, nos Estados Unidos, 44% concordaram com a afirmação "Deus criou os seres humanos praticamente na forma presente em algum momento nos últimos 10 mil anos", ao passo que 36% concordaram com "os seres humanos desenvolveram-se ao longo de milhões de anos a partir de formas de vida menos avançadas, mas Deus conduziu esse processo", e somente 14% estiveram de acordo com "os seres humanos desenvolveram-se ao longo de milhões de anos a partir de formas de vida menos avançadas, mas Deus não teve papel nesse processo". No último capítulo do livro *O Maior Espetáculo da Terra* há outros dados baseados em pesquisas de opinião que revelam o quanto é difícil a aceitação de teorias científicas por parte da população.

Esses resultados indicam que ser informado acerca de um fato ou de uma teoria científica não basta. Praticamente toda a população adulta desses países teve contato com a teoria da evolução de Darwin no primário ou no ginásio. Todavia, isso não bastou. É provável que o contexto social menos racional e científico resulte em mentalidades menos propensas a aceitar, de primeira mão, a veracidade dos argumentos da ciência. Moral dessa historinha: não basta ter acesso a uma determinada informação, ainda que ela seja muito bem fundamentada nas mais variadas evidências empíricas. É preciso haver predisposição para um determinado tipo de raciocínio, para que sejam aceitos argumentos racionais e bem fundamentados.

# Futebol e ciência

Dois livros, cada um dedicado a um esporte diferente, mostram que a vitória em campeonatos depende menos de algum tipo de pseudossociologia do esporte e muito mais da correta utilização da informação disponível sobre os jogadores e sobre o desempenho dos times e países. Esses livros são *Moneyball*, que trata do beisebol, e *Soccernomics*, que trata de nosso querido futebol. Em *Moneyball* o leitor terá a oportunidade de ver como Billy Beane revolucionou a forma de selecionar os jogadores quando esteve à frente do Oakland A's. Antes dele, os olheiros do beisebol se guiavam por vários tipos de preconceitos, do tipo: jogadores gordos não serão bons rebatedores, jogadores baixos não resultam em bons arremessadores etc.

Todo ano os times de beisebol norte-americanos selecionavam as jovens promessas tanto do segundo grau escolar quanto da faculdade. Beane concluiu que o melhor período para selecioná-los não era após o segundo grau, quando não havia ainda um histórico de dados suficiente sobre cada jogador que permitisse avaliar se de fato eles tinham chances de se tornarem grandes estrelas, mas sim depois da faculdade. No livro *Soccernomics* os autores Simon Kuper e Stefan Szymanski chegam à conclusão muito semelhante. Para eles, o melhor custo-benefício na contratação de um futuro craque se dá entre 20 e 22 anos de idade. Foram muitos os jovens talentos precoces que nunca desenvolveram sua carreira. Vários vencedores do prêmio Bola de Ouro do Mundial sub 17 nunca se tornaram craques: Philip Osundo, da Nigéria; William de Oliveira, do Brasil; Nii Lamptey, de Gana; Mohammed Al-Kathiri, de Omã; e o goleiro escocês James Will, que acabou como policial nas Highlands escocesas.

Deve se chamar a atenção para as regularidades que ocorrem toda vez que se contrata um novo técnico, certamente de um time, mas muitas vezes de seleções. Em geral, a contratação é realizada às pressas. O clube ou federação nacional de futebol acredita que fornece um sinal de fraqueza toda vez que perde muito tempo na contratação de um novo técnico. A tendência é que ele não seja submetido a uma bateria de testes, como, por exemplo, apresentar uma proposta de trabalho por escrito para o time ou para a seleção. Quando as empresas contratam executivos ou quando alguém busca obter recursos no mercado para uma empresa, é preciso, muitas vezes, que seja apresentado um plano de negócios.

O novo técnico também precisa ter disponibilidade imediata para ocupar o novo emprego; em geral, é homem, branco, com corte de cabelo e vestimentas tradicionais. Muitas vezes, é um ex-jogador. Aliás, ser ex-jogador é uma espécie de diploma para quem quer ser técnico. No Brasil, quando os times de

Carlos Alberto Parreira perdiam, havia sempre quem lembrasse que Parreira nunca jogara futebol. Há no Brasil e em outros lugares do mundo o primado do "aprender fazendo". Em todas as profissões é preciso estudar, mas, para técnico de futebol, não. Quem jogou em grandes clubes ou em seleções de sucesso obtém aí o seu "diploma universitário" para se tornar técnico.

Na semifinal da Copa da Alemanha de 2006, o goleiro germânico Jens Lehmann tinha uma anotação em seu meião de como cobravam pênaltis sete jogadores argentinos. A anotação dizia o seguinte: 1) Riquelme: esquerda; 2) Crespo: se fizer corrida longa, bate na direita; se fizer corrida curta, bate na esquerda; 3) Heize: esquerda, embaixo; 4) Ayala: espera muito tempo, faz uma corrida longa e bate na direita; 5) Messi: esquerda; 6) Aimar: espera muito e bate na esquerda; 7) Rodriguez: esquerda. Dos sete listados na colinha de Lehmann, dois cobraram pênaltis: Ayala e Rodriguez. Ambos fizeram rigorosamente o que estava escrito no meião do goleiro. Lehmann defendeu o pênalti de Ayala, mas não fez o mesmo com Rodriguez, porque ele foi muito bem batido. A Alemanha acabou eliminando a Argentina quando o goleiro defendeu a cobrança de Cambiasso, para a qual ele não tinha nenhuma indicação de como seria.

O que esse exemplo mostra de forma cruel é que nem sempre vence o melhor, mas que estar bem preparado muitas vezes faz diferença. Assim, cumpre indagar se o Brasil da Copa do Mundo de 2010 sabia quais eram as jogadas ensaiadas em escanteios das seleções que enfrentou. A Holanda marcou seu segundo gol em uma jogada ensaiada na qual o escanteio era cobrado na primeira trave e desviado de cabeça para a pequena área. Essa não era a única jogada ensaiada deles para os tiros de canto. Havia também outra na qual um jogador recebia no bico da grande área e passava para o lado a alguém que, vindo de trás, tinha condições de chutar. Há centenas de milhares de informações de como jogam nossos adversários. É preciso utilizá-las.

Voltando ao tema do técnico, vale mencionar que a seleção de um técnico tende a ser sempre mais controversa, do ponto de vista da qualificação, do que a de um jogador. Não havia dúvidas de que Lúcio e Juan eram durante a última Copa nossos melhores zagueiros em atividade. Não havia dúvidas em 1994 de que Bebeto e Romário teriam que ser nossos atacantes, o mesmo valendo para Rivaldo no meio de campo e Ronaldo no ataque, em 2002. Em todas essas copas, poderia haver dúvidas de quem era o melhor técnico. Hoje há: tanto pode ser Felipão, como Mano Menezes, Murici ou Luxemburgo. O que fica claro no livro *Soccernomics* é que o técnico de uma seleção é, muitas vezes, expressão do sentimento daquele país. Foi por isso que, mesmo depois de a Argentina ser eliminada de maneira humilhante pela Alemanha na Copa da África do Sul em 2010, Maradona foi recebido por 15 mil torcedores no aeroporto de Ezeiza, ao passo que ninguém esteve presente para receber Dunga. Maradona teve uma breve sobrevida no cargo de treinador, Dunga foi demitido imediatamente. O time de Maradona perdeu de 4 a zero, o de Dunga somente de 2 a 1. A verdade é que Maradona é a expressão da Argentina, e Dunga não faz o brasileiro ser representado à frente da seleção.

O que me assusta quando o objetivo é vencer é a crença em fórmulas mágicas. Dunga nos apresentou a fórmula mágica do comprometimento. Ele queria ter jogadores sob seu estrito controle, porque assim teria jogadores efetivamente comprometidos com o Brasil, com uma determinada noção de patriotismo e com a vitória. É possível que esse excesso de comprometimento tenha resultado em tensão e nervosismo. Resultou em uma crença na justiça da vitória do Brasil: merecemos porque somos os mais comprometidos. Agora o presidente da CBF apresentou outra fórmula mágica: jogadores jovens e um trabalho de longo prazo.

O que os dados revelam, em primeiro lugar, é que o aleatório é importante em uma Copa do Mundo. Em 1998 a França foi para a prorrogação com o Paraguai, o juiz deixou de marcar um pênalti para o Paraguai quando valia a regra do gol de ouro. Em 2002, a Dinamarca vencia o Brasil por um a zero e marcou um segundo gol legal que foi invalidado pelo juiz. Em 2006, a Itália derrotou a Austrália graças a um pênalti duvidoso assinalado pelo juiz. A Espanha de 2010 enfrentou o Paraguai, que perdeu um pênalti quando a partida estava zero a zero.

Um segundo fator importante diz respeito à vantagem de jogar em casa. Isso está mais do que comprovado pelos dados: quem joga em casa tem mais chances de vencer uma partida e, quando vence, tem mais chances de ter um placar mais folgado a seu favor. Essa é a vantagem de a próxima copa ser no Brasil. O grande problema é a desvantagem: o peso enorme que recairá nas costas do técnico e dos jogadores. Só há um resultado esperado para a Copa no Brasil: a nossa vitória. Isso poderá levar o time a entrar em campo extremamente tenso, mais tenso do que em 2010 contra Portugal e Holanda.

O fato é que os dados reais mostram que a seleção brasileira nunca venceu tanto como nos anos 1970: quase 78% dos jogos. Aliás, como mostram os dados, desde a década de 1950 variou pouco a proporção de vitórias da seleção brasileira. Assim, não devemos esperar que haja alguma mudança importante na década de 2010. O Brasil, portanto, disputará a Copa em casa em 2014 com o mesmo desempenho médio dos últimos 60 anos. Nesse período, ganhamos e perdemos copas. Nesse período, copiamos e fomos copiados. Tivemos técnicos bons e ruins, crises e tempos de normalidade. A única coisa que não variou muito foi a proporção de vitórias.

Isso indica que os dirigentes de nosso futebol, visando ganhar a copa de 2014, precisam considerar melhor os dados reais sobre o futebol. As fórmulas mágicas de seleções jovens, futebol europeu, comprometimento e outras coisas desse tipo precisam ser confrontadas com a realidade. Se isso não for feito, corremos o risco tanto de gerar expectativas erradas quanto de seguir os caminhos menos adequados rumo ao hexacampeonato.

| **Década de** | **Proporção de vitórias da seleção brasileira** |
|---|---|
| 1910 | 53,3% |
| 1920 | 50,0% |
| 1930 | 65,9% |
| 1940 | 61,6% |
| 1950 | 74,0% |
| 1960 | 74,8% |
| 1970 | 77,7% |
| 1980 | 74,4% |
| 1990 | 76,5% |
| 2000 | 72,6% |

Fonte: livro *Soccernomics*

# Futebol e a ciência do patrocínio

Já se foi o tempo do conjunto Lobão e seus Ronaldos. A primeira década do século XXI viu em ação Mengão e seus Ronaldos. Em 2010, Ronaldo fenômeno declarou que a maior torcida de futebol do Brasil era a do Corinthians, e não a do Flamengo. Ronaldo quase fechou contrato com o Flamengo e acabou parando no Corinthians. Imagino qual seria para ele a maior torcida caso tivesse ficado no time carioca. Antes que se pense qualquer coisa sobre minha opinião dos fatos, esclareço que sou um carioca radicado em São Paulo e torcedor do Fluminense.

No Brasil, futebol é coisa séria. De acordo com a declaração de Ronaldo, a torcida do Flamengo só é maior do que a do Corinthians porque em vários estados do Brasil, em particular no Nordeste, as pessoas têm dois times. Um é o time local, Paissandu no Pará, Vitória na Bahia, e por aí vai. Outro é o time nacional e, por consequência, o segundo time: o Flamengo. Não fosse isso, para Ronaldo, o Flamengo não apareceria em primeiro lugar no ranking do tamanho de torcidas. A propósito, no Rio de Janeiro o segundo time de todas as torcidas, segundo se diz, é o América, que foi o primeiro time de seu Edevair, o pai de Romário.

A principal questão é simples: os brasileiros torcem para dois times? É possível ir para o estádio gritar e torcer para dois times diferentes? A emoção despertada por um gol é a mesma para os dois times? É no futebol que revelamos o nosso lado competitivo, por assim dizer, capitalista. Não na administração dos clubes, longe disso, mas sim na maneira como encaramos o jogo e a disputa. A começar pela escalação dos times. É inconcebível que o ocupante de uma determinada posição não seja o melhor jogador, mas aquele que puxa mais o saco do técnico. A meritocracia, tão dificilmente aplicada em nossas empresas, tem toda a legitimidade do mundo dentro do gramado.

O futebol vai além, como na frase de Roberto Da Matta eternizada no Museu do Futebol em São Paulo, ele civiliza os pés. Ele faz dos pés, brutos e sempre em contato com o chão, o criador da beleza plástica. É também no futebol que vemos o que a vida nos oferece: poucas e boas oportunidades de marcar um gol. Ao contrário das cestas no basquete, que são convertidas às dezenas em cada tempo, no futebol são raros os jogos com mais de três gols. Para os norte-americanos, há muitas oportunidades na vida, como no basquete. Para os brasileiros e para o restante do mundo, são poucas as grandes chances, por isso temos que aproveitá-las. Aliás, se uma garota é zero a zero, na gíria masculina, isso quer dizer que nada acontece. São muitas as gírias futebolísticas: pisou na bola, a melhor defesa é o ataque, fez um gol de placa, é um craque, tudo isso serve para o esporte e para as nossas vidas.

Pesquisa feita pelo Instituto Análise em 2009 mostrou, de forma bastante consistente, que a torcida do Flamengo continua maior do que a do Corinthians, embora a distância já não seja tão grande como era no passado. Segundo tais pesquisas, o Flamengo tem aproximadamente três milhões a mais de torcedores do que o Corinthians. A primeira pergunta que fizemos na pesquisa é se a pessoa torce por algum time. De toda a população adulta brasileira (16 anos ou mais), 65% afirmam torcer por algum time, o que nos dá uma legião de aproximadamente 90 milhões de torcedores. Por outro lado, 35% afirmam que não torcem por time algum.

Dentre estes 65%, a torcida do Flamengo tem 21%; e o Corinthians, 18%. O meu pobre Fluminense tem apenas 2%. O fato é que os dados são claros, com quatro times concentrando grande parte dos torcedores: 58%. Três destes são de São Paulo, que tem aproximadamente 25% da população brasileira. Vale dizer que o mesmo fenômeno (sem trocadilho) que Ronaldo aponta para o Flamengo também pode existir para o Corinthians: um time para torcer localmente e outro nacionalmente.

Ronaldo foi torcedor ao fazer a afirmação comparativa entre os dois times, mas foi muito efetivo quando se tratou de ajudar o Corinthians a melhorar a lembrança de seu patrocinador. Em março de 2009, 39% dos torcedores do Corinthians conheciam algum patrocinador do time, percentual que aumentou muito até maio, quando atingiu 54%. Ronaldo foi o fenômeno responsável por isso. Uma comparação com o São Paulo mostra o "efeito ídolo". Contrate-se um ídolo, ganhem-se títulos, e a torcida vai mencionar mais frequentemente um patrocinador do time do que quando isso não acontece.

A estratégia do Real Madrid tem sido essa, contratar jogadores galácticos. Como eles têm mais dinheiro do que nós, contratam no auge da carreira. Paga-se muito, e os ídolos vendem o time e o mantém na mídia. Nós ficamos com os craques no início e no final da carreira. O caso de Ronaldo mostra que a contratação no final da carreira, desde que sejam feitos gols e conquistados títulos, tem resultados de marketing de grande relevância. No passado, atribuiu-se ao "efeito ídolo" a contribuição de Túlio maravilha para um suposto aumento da torcida do Botafogo. Zico, quando o futebol era menos capitalista, foi peça-chave na popularização da marca do Flamengo. O ídolo, quando combinado com títulos, é de grande efetividade para a comunicação do clube. Aliás, o ídolo só se torna ídolo porque ajuda seu time a vencer, a ser campeão.

Volto ao meu sofrido Fluminense, que teve ídolos em 2007 e 2008, mas falhou ao perder a Libertadores na final. É preciso vencer. É preciso contratar ídolos. Futebol é paixão, mas também é negócio. O desfile das escolas de samba caminhou na mesma direção. No passado, sambas clássicos com melodias e andamentos variados. Hoje, sambas todos eles muito semelhantes, enquadrados em um determinado padrão de desfile, com hora para começar e terminar. Nos últimos carnavais, antes de falecer, Jamelão cantou em várias escolas de samba de São Paulo, tudo em nome de remuneração. Não há problema nisso, a paixão continua e convive com o negócio.

Em 2009, Leonardo, ex-craque de nossa seleção e algum dia ex-técnico do Milan, declarou que todos os clubes brasileiros deveriam se tornar empresas. Nada mais acertado. Temos torcedores, temos talento com a bola no pé, mas não temos uma administração profissional do futebol. Um time grande e importante só entra na zona de rebaixamento quando alguma coisa não vai bem não apenas com o time, mas no ambiente que o cerca. O que é preciso para que isso aconteça? Os jogadores estão em perfeita forma física? Eles têm treinado muito? Há coesão dentro do time? Os comandos do treinador são seguidos?

Ficamos 24 anos sem ganhar uma Copa do Mundo. Vencemos quando seguimos o dito do futebol americano: "ataque ganha jogo, defesa ganha campeonato". Isso é, em grande medida, modernização e profissionalização. A arte é relevante e a temos. Porém, de que adianta a arte se não vencemos? O que causa o quê? Nós vencemos porque somos bons? Ou ao contrário, nós somos bons porque vencemos? Sabe-se que se pode ser o melhor e perder. Porém, quando se vence, é fácil defender o argumento de que a vitória é a prova de que somos bons. É esse o significado de ser pentacampeão.

O "efeito ídolo" no patrocínio do Corinthians, enquanto Ronaldo esteve por lá, mostra o que se pode obter quando o futebol é tratado de forma capitalista. Isso não mata a paixão, devo admitir, chega a alimentá-la. Foi bom enquanto durou. Os corintianos ficaram felizes e eufóricos com o desempenho do time e de Ronaldo. Os patrocinadores também.

Este livro foi composto na tipologia Minion,
em corpo 11,5/16,2, e impresso em papel off-white 80 g/m²,
no Sistema Cameron da Divisão Gráfica da Editora Record.